# Inhalt

## Einleitung

*Die Backzutaten* — 6
   Getreide und Mehle — 6
   Zucker und Süßungsmittel — 7
   Eier — 8
   Milch und Milchprodukte — 8
   Fette — 9
   Backtriebmittel — 10
   Geliermittel — 10
   Gewürze und Backaromen — 11
   Nüsse, Kerne und Samen — 12
   Marzipan, Nougat und Schokolade — 14
   Glasuren — 15

*Das Handwerkszeug* — 16

*Backformen* — 18

*Herde* — 20

*Backgeheimnisse* — 21

*Hinweise zu den Rezepten* — 23

## Rezepte

*Einfache Kuchen* — 24
*Festliche Torten* — 48
*Kleingebäck* — 72
*Pikantes Gebäck* — 92
*Plätzchen* — 104
*Grundrezepte* — 118

## Rezeptverzeichnis — 142

## Register — 143

# Die Backzutaten

## Getreide und Mehle

Getreide wird zu Mehl vermahlen und ist die Basis für jeden Teig. Mehrere Getreidesorten sind auf dem Markt. Die verschiedenen daraus hergestellten Mehle unterscheiden sich hinsichtlich der Qualität und der Backeigenschaften erheblich, und das wiederum beeinflußt die Art der Verarbeitung und die Verwendung.

**Weizen** ist bei uns das am häufigsten angebaute und verarbeitete Getreide. Durch seinen hohen Klebergehalt (Kleber ist ein Getreideeiweiß, das stark aufquillt und den Teig zusammenhält) besitzt der Weizen gute Backeigenschaften.

**Dinkel** gewinnt in den letzten Jahren, nicht zuletzt durch die Vollwert-Ernährung, zunehmend an Bedeutung. Er ist eng mit dem Weizen verwandt. Vollkornweizenmehl kann man problemlos durch Vollkorndinkel ersetzen.

**Hafer** ist sehr eiweiß- und fettreich. Er kann nur in Verbindung mit einer anderen Getreidesorte (z.B. gemischt mit Weizen im Verhältnis 1:1) zum Backen verwendet werden. Hafer hat einen nußartigen Geschmack, der durch Rösten des Mehles noch verstärkt wird. Bedingt durch den hohen Fettgehalt wird Hafer leicht ranzig und sollte deshalb nicht lange gelagert werden.

**Roggen** wird vor allem zum Brotbacken genutzt. Das dunkelgraue Mehl enthält wenig Klebereiweiß, man muß es deshalb vor dem Backen säuern oder mit Weizenmehl mischen. Roggenmehl benötigt mehr Flüssigkeit beim Backen als Weizen.

**Reis** zählt ebenfalls zum Getreide, und mehr als ein Drittel der Weltbevölkerung ernährt sich davon. Aus Reismehl macht man in China und Japan Nudeln. Zum Backen eignet es sich allein allerdings nicht, es muß mit anderen Mehlsorten gemischt werden.

**Sojabohnen** zählen nicht zum Getreide, sondern zu den Hülsenfrüchten. Da aus ihnen aber nicht nur Sojamilch, Sojaöl und Tofu, sondern auch Mehl gewonnen wird, seien sie hier aufgeführt.
Das vollfette Sojamehl (20% Fettgehalt) kann einen Teil des Backfetts und einen Teil der Eier ersetzen. Man rechnet etwa 15 g Sojamehl für ein Ei (siehe Anweisung auf den Packungen). Mehr als 10% des Mehls sollte aber nie aus Sojamehl sein.

## Vom Korn zum Mehl

Das Getreidekorn besteht im wesentlichen aus dem Mehlkörper, dem Keimling und der Schale. Der Mehlkörper enthält vor allem Stärke, der Keimling Eiweiß, Fett, Vitamine und Mineralstoffe, die Schale Mineralstoffe und Ballaststoffe.
Zum Backen wird meistens das helle niedrig ausgemahlene Mehl bevorzugt, da es sich leichter verarbeiten läßt und ein schönes helles Gebäck ergibt. Für dieses Mehl trennt man Keimling und äußere Randschichten vom Mehl ab.
Doch auch höher ausgemahlene Mehle oder Vollkornmehle werden immer häufiger verwendet. Da das Vollkornmehl alle Kornbestandteile enthält, liefert es nicht nur viele wertvolle Nährstoffe und Ballaststoffe, sondern hat auch einen kräftigen Geschmack. Durch den hohen Ballaststoffanteil braucht man beim Backen mehr Flüssigkeit.

**Fertigmehl** oder Backmischungen für Brot, Feingebäck oder Kuchen enthalten neben dem Mehl noch weitere trockene Backzutaten, wie Backpulver oder Trockenmilch und Zucker. Bei den Instantbackmischungen oder Instantfertigmehlen muß in den allermeisten Fällen nur noch die Flüssigkeit hinzugefügt werden.

**Stärke** ist der Hauptbestandteil der Getreidekörner. Sie wird vorwiegend durch Auswaschen und Naßvermahlen der Stärkekörner gewonnen. Weizen-, Mais-, aber auch Kartoffelstärke sind im Handel erhältlich. Alle drei können zum Backen genommen werden.
Es empfiehlt sich, Speisestärke dann zu verwenden, wenn man besonders feinporige, leichte und zarte Massen haben will (z.B. Biskuit- und Rührmassen). Bei elastischen Teigen hingegen braucht man den Kleber, Stärke dagegen hat keinen Kleber.
Neben dem reinen (nativen) Stärkemehl, kommt auch modifizierte Stärke in den Handel. Sie ist im kalten Wasser löslich und eignet sich zum Binden von Cremes und Füllungen, zum Backen jedoch nicht.

### Die richtige Type

Die verschiedenen Typenzahlen des Mehles geben an, wieviel Mineralstoffe als Asche bei Verbrennung der Mehltrockensubstanz zurückbleiben. Je niedriger diese Zahl ist, desto weniger Schalenbestandteile hat das Mehl und desto stärkereicher ist es. Ein Mehl mit hoher Type ist dunkel und ballaststoffreich.
Im Handel sind nicht alle Typen vorhanden. Meist findet man Weizenmehl mit der Type 405. Dieses Mehl wird für fast alle Kuchen in diesem Buch verwendet. In Öster-

reich hat das weiße, feine Mehl die Type 480. Hier gibt es auch griffiges und glattes Mehl. Sie unterscheiden sich hinsichtlich der Mehlkorngröße. Für feines Gebäck nimmt man glattes Mehl mit kleiner Mehlkorngröße.

**Mehl und Getreideprodukte richtig lagern**
Mehl sollte man luftig, kühl, trocken und niemals zusammen mit stark duftenden Lebensmitteln lagern. An zu warmen oder zu feuchten Plätzen nisten sich Schädlinge ein, oder das Mehl wird schnell muffig und klumpig. Auch Plastiktüten tun dem Mehl nicht gut. Besser eine luftdurchlässige Verpackung wählen. Mehl, vor allem Vollkornmehl, Stärke, Grieß und Flocken niemals zu lange lagern, frisch gemahlenes Vollkornmehl hält höchstens 14 Tage, ganze Getreidekörner hingegen bis zu einem Jahr.

## Zucker und Süßungsmittel

In den vergangenen Jahrhunderten zählte Zucker zu den kostbarsten Lebensmitteln, da der Rohrzucker aus Übersee eingeführt werden mußte. Erst als man in Europa Zucker aus der Zuckerrübe gewinnen konnte, konnte sich jeder Zucker leisten. Ob Zucker aus der Zuckerrübe oder aus dem Zuckerrohr, beide sind gleich gut zum Backen geeignet.
**Raffinade** ist Zucker von höchster Reinheit, bester Qualität und Farbe, der auch höchsten Ansprüchen gerecht wird. Er ist der gebräuchlichste Streuzucker und in verschiedenen Körnungen auf dem Markt.
**Weißzucker** ist die billigste Zuckersorte.
**Puder- oder Staubzucker** ist sehr feingemahlener Zucker. Er wird zum Bestäuben, Glasieren und für Baisermassen verwendet.
**Hagelzucker** ist grobkörnig, besteht aus granulierter Raffinade und ist zum Verzieren geeignet.
**Brauner oder Farinzucker** wird vorwiegend bei der Weihnachtsbäckerei verarbeitet. Es handelt sich um ungereinigten Zucker von dunkelgelber bis brauner Farbe und würzigem Geschmack.
**Gelierzucker** enthält neben Zucker, Pektine und Säuren für die Zubereitung von Gelees, Konfitüren und Marmeladen.
**Vollrohrzucker** wird vorwiegend in der Vollwertbäckerei verwendet. Er ist jedoch nicht wertvoller als weißer Zucker.
**Vanillezucker** wird aus Zuckerraffinade und mindestens 5% echter, gemahlener Vanille hergestellt.
**Vanillinzucker** ist Zucker, der mit dem naturidentischen Aromastoff Vanillin angereichert wird.
**Alternative Süßungsmittel** wie Ahornsirup, Apfelkraut und Honig werden nicht nur in der Vollwertbäckerei, sondern auch in der traditionellen Weihnachtsbäckerei verwendet. Die Rezepturen sind dabei genau zu beachten, da sich diese Süßungsmittel anders verhalten als Zucker.

**Zucker richtig lagern**
Der Zucker muß luftig, trocken und geruchsneutral aufbewahrt werden. So ist er fast unbegrenzt haltbar. Eine Ausnahme sind Gelier- und Einmachzucker, die eine Mindesthaltbarkeit aufweisen.

## Eier

Eier sind reich an Eiweiß, Fett, Lecithin, Mineralstoffen, Cholesterin und Vitaminen. Qualitätsunterschiede zwischen braunen und weißen Eiern gibt es nicht, die Farbe ist von der Rasse abhängig. Die kalkhaltige poröse Eischale hält Fremdstoffe und Keime ab, sie läßt aber trotzdem einen ständigen Sauerstoffaustausch zu. Um der Salmonellengefahr vorzubeugen, sollten Sie folgendes beachten:

- Nehmen Sie zum Backen ganz frische Eier, vor allem für Cremes, die nicht erhitzt werden.
- Eier nie in der Verpackung im Kühlschrank aufbewahren und leere Eierschalen und Verpackungen nicht in der Küche sammeln, sondern gleich wegwerfen, denn durch den Kot der Hühner können Eier mit Salmonellen infiziert sein.
- Aus aufgeschlagenen Eischalen das verbliebene Eiweiß nicht herauskratzen, damit eventuell auf der Schale sitzende Keime nicht mit dem Ei in Berührung kommen.

Ein **frisches** Ei (siehe Foto) kann man an folgenden Merkmalen erkennen: Aufgeschlagen besitzt es ein gewölbtes Eigelb, das Eiweiß ist fest. Bei einem älterem Ei ist das Eigelb flacher, das Eiweiß flüssiger.

Mit der **Wasserprobe** läßt sich die Frische des Eies auch ohne Aufschlagen leicht überprüfen: In einem mit Salzwasser (1 l Wasser + 100 g Salz) gefüllten Gefäß sinkt ein frisches Ei sofort auf den Boden, da seine Luftblase im Inneren noch sehr klein ist. Ein sieben Tage altes Ei liegt auch am Boden, seine gewölbte Seite schwebt aber etwas im Wasser, da sich die Luftblase vergrößert hat. Ein Ei, das älter als 14 Tage ist schwimmt im Wasser. Seine Luftblase ist nun recht groß.

Außerdem müssen Eier oder Verpackung mit dem Mindesthaltbarkeitsdatum gekennzeichnet sein, oder die Verpackung muß das Legedatum ausweisen bzw. einen Hinweis erhalten, ab wann das Ei gekühlt werden muß.

Eier werden in sieben **Gewichtsklassen** unterteilt:

| Klasse 1 | 70 g und mehr |
| Klasse 2 | 65 bis 70 g |
| Klasse 3 | 60 bis 65 g |
| Klasse 4 | 55 bis 60 g |
| Klasse 5 | 50 bis 55 g |
| Klasse 6 | 45 bis 50 g |
| Klasse 7 | weniger als 45 g |

Die Rezepte gehen von Eiern der Gewichtsklasse 3 aus. Nehmen Sie größere Eier, brauchen Sie ein wenig mehr Mehl, bei kleineren Eiern weniger.

### Eier richtig aufbewahren

Eier werden mit der Spitze nach unten gelagert, so daß sich der gewölbte Teil mit der Luftkammer oben befindet. Man sollte Eier nicht gemeinsam mit stark riechenden Lebensmitteln aufbewahren, da sie schnell Fremdgerüche aufnehmen. Ganz frische Eier halten sich im Kühlschrank bis zu drei Wochen oder etwa eine Woche bei Raumtemperatur.

## Milch und Milchprodukte

Milch ist für die menschliche Ernährung wichtig, denn Sie enthält wertvolles Eiweiß, Fett, Milchzucker, Mineralstoffe und Vitamine. Die Zusammensetzung der Milch ist bei den einzelnen Tierarten sehr unterschiedlich.

Wir gehen in den Rezepten von Kuhmilch mit 3,5% Fett aus. Aber auch Vorzugsmilch oder teilentrahmte Milch können genommen werden. Sie sollte pasteurisiert oder ultrahocherhitzt (sogenannte H-Milch) sein.

**Joghurt** stammt aus Milch, dem zur Säuerung Joghurt-Reinzucht-Kulturen zugesetzt werden. Er ist sehr eiweißreich und wirkt verdauungsfördernd.

Joghurt gibt es in den verschiedenen Fettstufen sowie mit Frucht- und Aromazusätzen. Er kann mindestens vier Wochen im Kühlschrank aufbewahrt werden.

**Speisequark** wird aus Milch unter Zusatz von Lab (zum Dicklegen) und Milchsäurebakterien (Geschmacksgebung) hergestellt. Es gibt ihn in verschiedenen Fettstufen, von Mager- bis Doppelrahmquark. Man nimmt ihn sowohl für Teige als auch für Füllungen.

**Schichtkäse** wird nicht wie der Quark nach dem Dicklegen und dem Abtrennen der Molke glattgerührt, sondern man schneidet ihn und schöpft ihn dann in rechteckige Formen. Dadurch entstehen fette und magere Schichten, die deutlich erkennbar sind. Schichtkäse ist vor allem für Hefekuchen gut geeignet, da er weniger Wasser als Quark enthält.

**Sahne** (Rahm, Schlagrahm) fällt als Milchfett beim Entrahmen der Milch an. Sie enthält jedoch auch Milcheiweiß, Milchzucker, Mineralstoffe und fettlösliche Vitamine. Sahne ist ein vielseitig verwendba-

res Milchprodukt. Sie sollte mindestens 28 bis 30% Fett enthalten.
**Schlagsahne „Extra"** hat einen Mindestfettgehalt von 36%. Dadurch eignet sie sich sehr gut zum Steifschlagen, sie bleibt auch länger standfest. Zum Schlagen am besten zwei bis drei Tage alte, gut gekühlte Sahne (die Temperatur sollte unter 5°C liegen) nehmen. Da Sahne sehr geruchsempfindlich ist, sollte sie in gut verschlossenen Behältern und nicht zusammen mit stark riechenden Lebensmitteln im Kühlschrank gelagert werden. Sie hält sich etwa sechs Tage.
In unseren Rezepten bezeichnen wir diese Sahne immer als „süße Sahne", um den Unterschied zur „sauren Sahne" deutlich zu machen.
**Sauerrahm oder saure Sahne** wird mit Fettgehalten zwischen 10 und 28% angeboten. Es handelt sich um eine gesäuerte süße Sahne. Sauerrahm ist zum Backen und Kochen geeignet. Im Kühlschrank kann er bis zu 10 Tagen aufbewahrt werden.

## *Fette*

**Butter** muß mindestens 82% Fett, darf aber höchstens 16% Wasser enthalten. Das Butteraroma wertet den Geschmack von Gebäck, Kuchen oder Cremes auf und wird deshalb von vielen beim Backen bevorzugt. Doch Butter ist in manchen Fällen schwieriger zu verarbeiten als andere Fette. So lassen sich geriebene Teige mit Schmalz leichter herstellen, und Blätterteig geht mit Ziehmargarine (die aber im Einzelhandel nicht erhältlich ist) viel leichter.
Man unterscheidet zwischen Sauerrahmbutter und Süßrahmbutter. Beide sind zum Backen geeignet. Butter ist auch im Kühlschrank nur begrenzt haltbar, darum beim Einkauf auf das Verfallsdatum achten. Sie kann allerdings für vier bis acht Wochen eingefroren werden.
An der Farbe der Butter kann man die Qualität nicht erkennen, denn diese hängt von der Art des Futters ab. Meist ist die Butter im Winter weißlich und im Sommer eher gelb. Wenn die Butter gelbe Ränder bekommt, wurde sie jedoch falsch gelagert oder ist zu alt.
**Butterschmalz** ist reines Butterfett, das man durch Erhitzen von Butter gewinnt. Dabei wird der Butter die Restflüssigkeit und das Eiweiß entzogen. Im Gegensatz zur Butter verträgt Butterschmalz viel höhere Temperaturen und kann etwa zwei Jahre gelagert werden. Zum Backen ist Butterschmalz geeignet.
**Lightbutter** besteht etwa zur Hälfte aus Wasser. Sie kann die „Butter" beim Backen und Kochen nicht ersetzen.
**Margarine** wird aus wertvollen pflanzlichen Ölen hergestellt, dabei setzt man Emulgatoren, fettlösliche Vitamine, Salz, Stärke, Lecithin und Karotin (für die Färbung) zu. Margarine ist ein preiswerter und gleichwertiger Ersatz für Butter und zum Backen ausgezeichnet geeignet. Blätterteig oder geriebener Teig läßt sich sogar leichter damit zubereiten.
Margarine wird als Haushaltsmargarine mit 80% Fett und als Pflanzenmargarine mit 97% Fett angeboten. Achten Sie beim Einkauf auf das Haltbarkeitsdatum, und lagern Sie sie kühl. Lightmargarine oder Halbfettmargarine eignet sich zum Backen nicht.
**Pflanzenfette** enthalten weder Eiweiß noch Wasser. Sie sind sehr hitzebeständig und vertragen Temperaturen bis zu 220°C. Man nimmt sie deshalb zum Ausbacken von Fettgebäck wie Berliner Pfannkuchen oder Spritzkuchen, nicht aber zur Zubereitung von Teigen oder Massen.
Pflanzenfette sollten nach jedem Gebrauch zum Reinigen durch eine Filtertüte passiert werden. Nach etwa fünfmaliger Verwendung schmeckt das Fett alt und ist zum Ausbacken von Gebäck nicht mehr geeignet.

## Backtriebmittel

**Backpulver** ① besteht aus Natron, einem Trennmittel (Stärkepuder), Säure (Weinstein, Wein- oder Zitronensäure), Phosphaten und Salzen. Es wird in Tütchen mit 16 g Inhalt angeboten, diese Menge reicht für 500 g Mehl. Trotzdem bitte die Angaben in den Rezepten genau beachten.
Backpulver sollte immer mit dem Mehl gründlich vermischt und dann erst dem Teig zugegeben werden.
**Hirschhornsalz** ② ist ein Lockerungs- und Backtriebmittel, das vorwiegend für schwere Teige und für flaches Dauergebäck wie Lebkuchen verwendet wird.
**Natron** ist ein Backtrieb- und Lockerungsmittel, das man vorwiegend für schwere Teige und zum Backen von Honigkuchen braucht. Für 500 g Mehl rechnet man etwa 6 g Natron. Natron wird stets erst kurz vor dem Backen unter den fertigen Teig gemischt.
**Pottasche** ③ wird bei der Honig- und Lebkuchenbäckerei verwendet. Für hohes Gebäck eignet sie sich nicht, da sich der Laugengeschmack darin beim Backen nicht ausreichend verflüchtigen kann.
**Backhefe** ④ besteht aus Mikroorganismen, den Hefezellen.

Frische Backhefe wird in 42 g schweren Würfeln angeboten. Auf 500 g Mehl rechnet man etwa 25 g Hefe, das ist aber nur ein Richtwert, die Menge kann von Rezept zu Rezept schwanken.
Trockenhefe ist in verschweißten Packungen mit 7 g Inhalt erhältlich. Ein Päckchen reicht etwa für 500 g Mehl.
Backhefe vermehrt sich durch die Zufuhr von Zucker, Feuchtigkeit und Luft und treibt den Teig in die Höhe. Sie darf niemals direkt mit Salz in Verbindung kommen oder zu kalt verarbeitet werden, sonst geht der Teig nicht auf. Auch Zugluft schadet ihr.
Bei Temperaturen von etwa 35°C entwickelt sich die Triebkraft der Hefe am besten.

**Triebmittel aufbewahren**
Alle Backtrieb- und Lockerungsmittel müssen trocken gelagert werden. Achten Sie auf das Haltbarkeitsdatum.
Hefe hält sich im Kühlschrank einige Tage und im Tiefkühlfach etwa vier Monate. Die Hefe wird durch das Tiefkühlen flüssig, verliert aber nichts an Qualität. Jedoch muß sie immer sorgfältig verpackt sein, denn unsachgemäß gelagerte Hefe verfärbt sich braun, wird rissig und trocken und besitzt dann nicht mehr ihre volle Triebkraft.

## Geliermittel

**Agar-Agar** ist ein Produkt aus Rotalgen und als Pulver erhältlich. Sie besitzt mindestens die dreifache Gelierkraft von Gelatine, man muß sie vor der Verarbeitung immer kalt anrühren und dann aufkochen. Agar-Agar nicht in Milchprodukten aufkochen und auf jeden Fall Angaben auf der Verpackung beachten.

**Gelatine** gewinnt man aus Tierknochen. Sie ist klar und geruchlos, und es gibt sie sowohl farblos als auch eingefärbt, gemahlen oder in Form von Blättern.
In den Backrezepten wird Blattgelatine verwendet, denn sie ist leichter zu verarbeiten und zu dosieren. Die Blätter müssen vor dem Auflösen nur abgezählt und kurz in kaltem Wasser eingeweicht werden.
**Creme- oder Puddingpulver** besteht aus feinem Quellmehl oder Speisestärke sowie aus Farb- und Aromastoffen. Wird es als Tortencremepulver angeboten, kann es außerdem Emulgatoren, Gelatine, Pflanzenfette, Salz und Schokoladenpulver enthalten.
**Sahnesteifmittel** halten Sahne länger steif und verhindern, daß sich Flüssigkeit absetzt. Sie bestehen aus Stärkeprodukten und Traubenzucker. Bei der Verarbeitung muß die Verpackungsanweisung genau eingehalten werden. Sahne kann man aber auch mit aufgelöster warmer Gelatine festigen. Man zieht sie ganz zum Schluß unter die steifgeschlagene Sahne.

# Gewürze und Backaromen

Sie geben dem Gebäck oder dem Kuchen erst das „gewisse Etwas" und einen Hauch von Raffinesse. Die Weihnachtsbäckerei beispielsweise wäre ohne Gewürze kaum denkbar. Doch müssen es nicht unbedingt ausgefallene und teure Gewürze sein, ein wenig geriebene Muskatnuß oder abgeriebene Zitronenschale reicht oft schon aus.

**Anis** wird wegen seines würzigsüßen Aromas auch süßer Kümmel genannt und ist reich an ätherischen Ölen. Da sich sein Aroma leicht verflüchtigt, sollte man ihn nur in kleinen Mengen kaufen. Da Anis aber dominierend schmeckt, darf man ihn nicht mit anderen Gewürzen zusammen verarbeiten.

**Bittermandeln** enthalten giftige Blausäure und dürfen daher nur in kleinsten Mengen verwendet werden. Wenn man jedoch nicht mehr als 40 g geriebene Bittermandeln mit 500 g Mehl zusammen verarbeitet, besteht kein Gesundheitsrisiko. Bei Kindern auf Bittermandeln besser verzichten. Fünf bis zehn Mandeln sind für Kinder tödlich.

**Bittermandelöl** wird aus den ätherischen Ölen der Bittermandeln-, Aprikosen- oder Pfirsichkerne gewonnen. Im Gegensatz zur Bittermandel enthält das Öl nur sehr wenig Blausäure. Auch künstliches Bittermandelöl ist erhältlich.

**Fenchel** sieht dem Kümmel sehr ähnlich. Er wird besonders für Brot und pikante Kuchen genommen.

**Gewürznelken** verwendet man gern für Honig- und Lebkuchen, die ganzen Nelken zum Kochen von Kompott. Die ätherischen Öle der Gewürznelken wirken schmerzlindernd und heilend.

**Kaffee** kommt in Füllungen, Glasuren, Biskuitmassen und Teige. Man nimmt entweder den leicht löslichen Instantkaffee (aufgelöst und als Pulver) oder aufgebrühten, sehr starken Kaffee.

**Mohn** wird ganz und gemahlen angeboten, man verwendet ihn hauptsächlich zum Bestreuen von Gebäck und für Mohnkuchen.

**Muskatnuß** paßt zu Hefe-, Gewürz- und Weihnachtsgebäck. Im anglo-amerikanischen Sprachraum würzt man sogar Süßigkeiten mit Muskatnuß. Muskatnüsse können auf einer Muskatreibe direkt in den Teig gerieben werden.

**Pfeffer** ist eines der ältesten Gewürze. Zum Backen wird der weiße Pfeffer, mit seinem milden, ausgereiften Aroma bevorzugt. Man nimmt ihn für einige Plätzchensorten sowie für Teige pikanter Kuchen. Pfeffer ist auch im Lebkuchengewürz enthalten.

**Piment** vereinigt in sich den Geschmack von Pfeffer, Muskatnuß und Gewürznelken. Es wird für Gewürzbrote, -kuchen und Weihnachtsgebäck verwendet.

**Safran** macht den Kuchen gel, also gelb. Doch ist er ein sehr teures Gewürz, da 200000 Blütennarben nötig sind, um 1 kg Safran zu erhalten. Safran gehört zur Krokusfamilie. Zum Backen ist der gemahlene Safran im Gegensatz zu den Fäden besser geeignet, da er sich leichter im Mehl verteilt und den Teig gleichmäßiger gelb färbt.

**Sternanis** ist zwar geschmacklich, aber nicht botanisch mit dem Anis verwandt. Er kann aber wie Anis verwendet werden.

**Vanilleschoten**, die Königinnen unter den Gewürzen, sind die unreifen Kapselfrüchte einer lianenartigen Orchidee. Die Schoten kommen in Glasröhrchen verpackt in den Handel. Von bester Qualität ist die Bourbon-Vanille. Sie hält sich etwa 6 Monate. Vanillemark wird für Cremes, Füllungen, Massen und Teige verwendet. Die ausgekratzten Schoten kann man in Zucker legen, das ergibt einen preiswerten Vanillezucker.

**Zimt** ist die getrocknete Rinde des Zimtbaumes oder -strauches. Die Rinde des Ceylonzimts ist dünn, von hellbrauner Farbe und süßlich-zartem feinen Aroma. Kassiazimt kommt aus Sumatra und ist von kräftiger Farbe und Geschmack. Er wird vorwiegend für Gewürzmischungen verwendet. Zum Backen eignet sich der gemahlene Zimt besser als Zimtstangen.

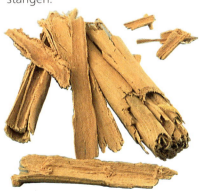

**Zitrusschalen** dürfen kaum in einem Kuchen fehlen, denn sie sind ein sehr aromatisches, natürliches und preiswertes Backaroma. Die Schale von unbehandelten Zitrusfrüchten waschen, entweder fein abreiben oder die Schalen fein hacken. Abgeriebene Zitrusschalen können mit Zucker auf Vorrat vermischt werden. Zum Aromatisieren eignen sich Orangen, Limetten oder Zitronen gleichermaßen gut. Aber auch hier auf unbehandelte Früchte achten.

**Spirituosen** werden gerne zum Aromatisieren von Cremes, Füllungen, Glasuren, Massen und Teigen verwendet. Dabei ist nicht der Alkoholgehalt wichtig, denn Alkohol verflüchtigt sich beim Backen, sondern die Qualität und das charakteristische Aroma der Spirituose. Liköre, Obstwässer, Rum oder Weinbrand kann man direkt in die Biskuit- oder Rührkuchenmasse, in den Teig oder in die Füllung geben. Mit Spirituosen kann man aber auch Früchte marinieren.

## *Nüsse, Kerne und Samen*

Ohne diese Zutaten wäre das Backen kaum denkbar. In welcher Form sie auch verwendet werden, sie reichern jedes Gebäck an und verbessern dessen Geschmack und Qualität.
Nüsse werden wegen ihres hohen Fettgehaltes schnell ranzig, beim Einkauf ist deshalb ganz besonders auf das Haltbarkeitsdatum zu achten. Nüsse und Samen sollten kühl und trocken gelagert werden. Rechtzeitig eingefroren halten sie sich etwa 6 bis 8 Wochen über das Mindesthaltbarkeitsdatum hinaus.
**Cashewnüsse** kommen vorwiegend aus Afrika, Amerika und Indien. Sie wachsen am Ende des Cashewapfels. Nach der Ernte müssen sie geschält und geröstet werden, sonst sind sie nicht genießbar.

**Erdnüsse** sind eigentlich Hülsenfrüchte und wachsen unter der Erde. Sie werden frisch, geröstet und gesalzen angeboten.

**Haselnüsse** sind in verschiedenen Angebotsformen bei uns im Handel: ungeschält, geschält, gemahlen, in Scheiben geschnitten und im Ganzen.

**Kokosnüsse** sind die Früchte der Kokospalmen. Aus dem Fleisch der reifen Kokosnuß werden Kokosraspeln hergestellt, die sich sehr gut zum Backen und Bestreuen eignen. Kokosraspeln sind immer locker und dürfen nicht klumpen.

**Paranüsse** führen den Namen eines brasilianischen Bundesstaates, der sie auch in der ganzen Welt vertreibt. Da ihr Geschmack an Mandeln erinnert, nimmt man sie auch als Mandelersatz.

**Pinienkerne**, die Samen, der in den Mittelmeerländern beheimateten Pinie, erinnern im Geschmack an Mandeln. Daher werden sie auch als Mandelersatz genommen.

**Pistazien** bezeichnet man auch als Pistaziennüsse oder grüne Mandeln. Sie schmecken leicht pfefferartig und würzig.

**Walnüsse** sind streng genommen Steinfrüchte. Von sehr guter Qualität sind die amerikanischen und die französischen Nüsse. Sie werden ganz in den Schalen, als Kerne und gemahlen angeboten.

**Mandeln** stammen ursprünglich aus Asien, die meisten kommen heute aus den Mittelmeerländern. Aus ihnen wird Marzipan und Krokant hergestellt. Mandeln sind ungeschält, geschält, gestiftelt, gemahlen, gehackt und in Scheiben geschnitten erhältlich.

**Edel-, Eßkastanien oder Maronen** werden in den gemäßigten Klimazonen angebaut und sind frisch von Ende September bis Anfang Februar auf dem Markt.

**Leinsamen**, die kleinen braunen Samen der Flachs- oder Leinenpflanze, nimmt man vor allem für Brot und pikantes Gebäck.

**Sesamsamen** sind die ölhaltigen Samen der Sesampflanze. Im Orient wird Sesam auch zum Würzen von Speisen genommen.

**Sonnenblumenkerne** können als Ersatz für Mandeln und Nüsse verwendet werden. Geschälte Sonnenblumenkerne halten sich kühl und trocken gelagert bis zu 6 Monate.

## Marzipan, Nougat und Schokolade

Diese Backzutaten sind wichtig, um Füllungen und Teigen den letzten Schliff zu geben, sie zu färben, zu aromatisieren oder zu dekorieren. Die Patisserie wäre ohne Marzipan und Schokolade undenkbar, denn sie sind die wichtigsten Zutaten in der Pralinenherstellung.

**Marzipan** setzt sich je zur Hälfte aus abgezogenen Mandeln und Puderzucker zusammen und kann mit Rosen- oder Orangenblütenwasser, Zitrusschale oder Alkohol parfümiert sein.

Die im Handel erhältliche Marzipanrohmasse muß man vor dem Verwenden mit Puderzucker verkneten. Man rechnet 100 g Puderzucker auf 150 g Marzipanrohmasse. Wichtig ist, daß sehr schnell gearbeitet wird. Zu langes Kneten macht die Masse brüchig. Passiert dies, ein wenig frisches Eiweiß darunterarbeiten.

Reste von Marzipan oder Marzipanrohmasse sollte man in Klarsichtfolie einwickeln und in einem verschlossenem Glas aufbewahren, dann trocknen sie nicht so schnell aus.

Marzipan kann mit Safran- oder Zuckercouleur und mit konzentrierten Fruchtsäften gefärbt werden. Mit Fruchtsaft gefärbtes Marzipan muß jedoch sofort verarbeitet werden, da es schnell verdirbt (der Fruchtsaft beginnt zu gären).

**Nougat** besteht aus geriebenen und gerösteten Haselnüssen oder Mandeln, Zucker, Kuvertüre und Kakaobutter. Je nach dem Röstgrad der Mandeln oder Nüsse erhält man helleren oder dunkleren Nougat. Man verwendet ihn für Tortenfüllungen, vor allem aber für feine Pralinen.

Nougat muß in Folie verpackt so aufbewahrt werden, daß er nicht austrocknen kann.

**Kakaopulver** wird aus Kakaobohnen gewonnen. Sowohl schwach entöltes Kakaopulver mit einem Anteil von mindestens 21% Kakaobutter, als auch stark entöltes mit einem Anteil von mindestens 8% Kakaobutter ist erhältlich. Die Verarbeitungsqualität des Kakaopulvers hängt von der Feinheit der Vermahlung ab. Stark entöltes Kakaopulver ist feiner gemahlen, klumpt nicht und ist deshalb vorzuziehen.
Kakao enthält übrigens Theobromin, das ähnlich wie Coffein anregend wirkt.
Kakaopulver wird beim Backen zum Aromatisieren von Teigen, Massen und Cremes, zum Bestäuben von Torten und Kuchen und Färben von Cremes, Füllungen und Gebäck verwendet. Es muß gut verschlossen trocken gelagert werden und darf nicht neben stark riechenden Lebensmitteln liegen.
**Kuvertüre** ist feinste Schokolade von bester Qualität, die Dank ihres hohen Kakaobutteranteils leicht schmilzt und gut fließt. Sie wird zum Überziehen von Kuchen und Pralinen oder für Füllungen, Massen und Teige verwendet. Es gibt dunkle und helle Kuvertüren, das hängt ganz vom Milch- oder Sahneanteil ab.
Kuvertüre muß allerdings fachgerecht verarbeitet werden. So darf man sie nur im Wasserbad schmelzen und nicht über 32°C erhitzen, da sie sonst abstirbt, das heißt sie wird glanzlos, grau und stumpf.
**Schokolade** besteht aus Kakaomasse, Kakaobutter und Zucker. Bei Milchschokoladen wird noch Milch zugesetzt. Die verschiedenen Schokoladensorten beruhen auf unterschiedlichen Mischungsverhältnissen von Kakaomasse, Kakaobutter, Milch oder Sahne. Geschmacksvariationen entstehen durch Zugabe von Alkohol, Mandeln, Marzipan, Nougat, Nüssen und Vanille.
Schokolade kann im Wasserbad geschmolzen und dann flüssig zum Backen verwendet werden, oder man reibt sie fein und gibt sie dann zu Füllungen oder zu Massen und Teigen.
**Block- oder Kochschokolade** ist eine billige, einfache Schokolade. Mit **Schokoladenstreuseln** oder **Trüffelstreuseln** werden Torten und Pralinen garniert. Sie müssen mindestens 35% Kakao enthalten.

## Glasuren

Sie werden zum Überziehen von Backwaren verwendet und sorgen nicht nur für ein schönes Aussehen, sondern sie halten das Backwerk auch länger frisch.
**Fondant** ist eine reine Zuckerglasur. Er muß zur Verarbeitung im Wasserbad unter ständigem Rühren vorsichtig erwärmt werden (nicht über 35°C). Bei höheren Temperaturen verliert Fondant seinen Glanz, er stirbt ab. Zu dicker Fondant kann mit frischem Eiweiß oder Wasser nach Belieben verdünnt werden. Man kann ihn außerdem färben oder mit Alkohol oder Aromastoffen parfümieren.
**Schokoladenfettglasur** darf weder mit Kuvertüre noch mit Schokolade verwechselt werden, denn sie enthält weniger Kakao. Sie ist leicht zu verarbeiten und zu schmelzen, geschmacklich aber nicht mit Kuvertüre zu vergleichen.

# Das Handwerkszeug

Neben besten Backzutaten ist gutes Handwerkszeug für das optimale Gelingen von Kuchen, Plätzchen und Torten wichtig. Natürlich kann man sich am Anfang mit bereits vorhandenen Sachen behelfen, wer jedoch viel bäckt, sollte sich die Anschaffung des ein oder anderen Gerätes überlegen. Haben Sie sich zum Kauf entschlossen, achten Sie auf eine gute und solide Qualität. Die hat leider oft ihren Preis, zahlt sich aber langfristig betrachtet aus. Hier nun eine Übersicht über wichtige Geräte und Küchenwerkzeuge, die Sie beim Backen benötigen. Einige sind hervorgehoben, das bedeutet dann, sie gehören zur Grundausstattung.

● **Elektrisches Handrührgerät** ①
Meist reicht die einfachste Ausführung mit zwei Quirlen und zwei Knethaken. Die Anschaffung lohnt sich, denn mit dem Handrührgerät werden Massen und Sahne geschlagen, Teige geknetet oder Eigelbe und Butter cremig gerührt.

● Küchenmaschine ②
Sie ist leistungsstärker als ein Handrührgerät und vor allem dann zu empfehlen, wenn häufig größere Mengen gebacken werden.

● Getreidemühle ③
Sie lohnt sich nur für Freunde der Vollkornbäckerei, die viel selbst backen.

● **Waage** ④
Unterschiedlichste Ausführungen sind auf dem Markt und reichen von der computergesteuerten Digitalwaage bis zur Zeigerwaage mit Zuwiegeautomatik.

● **Meßbecher** ⑤
Mit ihnen mißt man Flüssigkeiten ab. Sie ersetzen eine Waage nicht.

● **Schüsseln** ⑥
Jene aus Edelstahl sind ideal, um Cremes und Massen aufzuschlagen oder Schokolade zu temperieren. Schüsseln aus Kunststoff braucht man, um Teige zu rühren. Glasschüsseln eignen sich zum Aufbewahren von Früchten.

● **Schneekessel** ⑦
Sie sind entweder aus Kupfer oder Edelstahl. Die spezielle Rundung erleichtert das Aufschlagen von Cremes, Massen, Eiweiß oder Sahne.

● Reiben ⑧
Vieles kann man bereits fertig gerieben kaufen, doch Frischgeriebenes hat mehr Aroma. Grobe und feine Reiben werden zum Zerkleinern von Obst und Nüssen/Samen/Kernen gebraucht oder um Zitrusfrüchte oder Muskatnuß abzureiben.

● Kuchenbrett ⑨
Hier kann man Teige kneten, ausrollen oder Kuchen aufschneiden.

● Kuchen- und Tortengitter ⑩
● Tortenscheiben ⑪
● Palette ⑫
Glatte Paletten oder Winkelpaletten erleichtern das Verstreichen von Cremes und Massen.

● Gummispachtel ⑬,
um Eiweiß oder Sahne unterzuheben oder Schüsseln auszukratzen.

● **Teigschaber oder Hörnchen** ⑭,
um Massen und Cremes glattzustreichen, Spritzbeutel zu füllen und Schüsseln auszukratzen.

● Garnierkämme ⑮
● **Messer** ⑯
Neben einem kleinen Küchenmesser für verschiedenste Arbeiten sind spezielle Torten- und Kuchenmesser erhältlich.

● Spritzbeutel, -tüllen oder Dressiersäcke ⑰
Unterschiedlich große Loch- und Sterntüllen sind zum Garnieren notwendig.

● **Holzspieß** ⑱
für die Stäbchenprobe

● **Alufolie, Backpapier** ⑲, Pergamentpapier und Tortenspitzen

● Ausstechersätze für Plätzchen. Da sie aus Weißblech sind, müssen sie gut abgetrocknet werden. Streuen Sie etwas Speisestärke in die Dosen, in denen Sie sie aufbewahren.

● **Backpinsel** ⑳,
am besten mehrere in unterschiedlichen Breiten und Härten.

● **Kochlöffel** ㉑
● Torteneinteiler ㉒
● Teigrädchen ㉓
● **Roll- oder Wellholz** ㉔
Gute sind aus Holz und laufen auf einem Kugellager. Marmorteigroller sind zum Ausrollen von Marzipan geeignet.

● **Schneebesen** ㉕
Gute Besen sind elastisch und nicht zu starr. Am besten sind jene aus Edelstahl. Mehrere in verschiedenen Größen sind nützlich.

● **Schere** ㉖
● **Siebe** ㉗
Sie müssen stabil und ihre Bespannung sollte aus rostfreiem Material sein. Feine Haarsiebe braucht man für Kakao, Puderzucker und Zimt. Gröbere Siebe zum Durchstreichen von Cremes oder Fruchtmark. Spezielle Mehlsiebe sind ebenfalls erhältlich.

● **Schäler, Ausstecher, Entkerner** ㉘
Für alle Obstkuchenfans sind sie unerläßlich.

● **Küchenwecker** ㉙
● **Zitruspresse** ㉚

# Backformen

Backformen gibt es in unterschiedlichsten Größen und Materialien. Zur **Grundausstattung** gehören ein rechteckiges Backblech, eine Kastenform (Königskuchenform), eine Rührkuchenform, eine Springform, eine Tortenbodenform mit glattem oder gewelltem Rand und einige kleine Tarteletteförmchen. Nachfolgend einige Hinweise zum Backverhalten der verschiedenen Materialien. Falls nichts anders angegeben ist, eignen sie sich sowohl für Elektro- als auch für Gasherde.

**Aluminiumformen** sind gute Wärmeleiter und lassen sich einfach reinigen. In ihnen bräunen und backen die Kuchen gleichmäßig.
**Kupferformen** haben vorzügliche Backeigenschaften, aber sie sind sehr pflegeintensiv und müssen von Zeit zu Zeit innen neu verzinnt werden.
**Schwarzblech- oder dunkle Stahlblechformen** haben beste wärmeleitende Eigenschaften. Sie sind ideal für Elektroherde. Verwendet man die Formen in Gasöfen, so muß die Temperatur um 10% gesenkt werden, da die Formen sehr heiß werden.
**Weißblechformen** reflektieren, bedingt durch ihre glänzenden Außenflächen, die Strahlungshitze. Das Backwerk wird zwar an der Oberfläche schnell braun, nicht aber an der Seite und am Boden. Dadurch kann sich die Backzeit um etwa 15% verlängern. Weißblechformen eignen sich für Gasöfen besser als für Elektroherde.
**Glasformen** aus feuerfestem Glas sollten nicht zu großen Temperaturschwankungen ausgesetzt wer-

den, sonst kann das Glas springen. Sie leiten die Wärme schlecht, dadurch verlängern sich die Backzeiten. Gut geeignet sind sie allerdings für schwere Hefeteige, die lange bei niedrigeren Temperaturen gebacken werden müssen.

**Keramik- und Porzellanformen** sind schlechte Wärmeleiter, die Backzeit verlängert sich um bis zu 30%.

**Steingutformen und Tonformen** haben gute Backeigenschaften. Die Backzeiten können sich jedoch bis zu 25% verlängern. Tonformen müssen vor dem Backen etwa 15 Minuten in kaltes Wasser gelegt werden, und sie werden in den kalten Ofen gesetzt.

**Kunststoffformen** dürfen nur in Elektro- oder Mikrowellenherden, niemals in Gasherden, verwendet werden. An ihnen kleben die Teige nicht fest, die Formen werden aber schnell unansehnlich.

**Beschichtete Formen** verhindern, daß der Teig anhängt. Sie haben gute Backeigenschaften. Leider sind sie jedoch sehr kratzempfindlich, und gefettet werden müssen sie auch.

**Aluminium-Einwegformen** liegen oft Fertigbackmischungen bei. Sie strahlen die Hitze ab, und die Backzeiten verlängern sich geringfügig. Zum Einfrieren von gebackenen und ungebackenen Kuchen sind sie bestens geeignet, denn der Kuchen kann direkt in der Form bei etwa 150°C aufgebacken werden.

**Tip**
Schwarzblech- und Weißblechformen sollten vor dem ersten Gebrauch auf etwa 250°C erhitzt und anschließend mit handelsüblichen Spülmitteln gereinigt werden.

**Ausfetten, Ausstreuen und Auslegen von Formen**
Muß die Form ausgefettet werden, so streicht man Boden und Seitenwände mit weicher Butter oder Margarine sorgfältig ein (mit Backpinsel oder Pergamentpapier).

Zusätzlich kann die Form noch ausgestreut werden. Dazu Zucker, Brösel oder Mehl in die Form geben, sie drehen und Zucker, Brösel oder Mehl gleichmäßig verteilen.

Zum Bemehlen wird die gefettete Form innen dünn mit Mehl bestäubt, dann mit der Öffnung nach unten auf einen Tisch geschlagen und so überschüssiges Mehl entfernt.

Springformböden können mit Aluminiumfolie, Back- oder Pergamentpapier bespannt werden. Man legt ein ausreichend großes Stück Papier auf den Springformboden und klemmt es mit dem Rand ein.

Zum Auslegen von Formen, werden ihre Umrisse auf Back- oder Pergamentpapier gezeichnet und dann das Papier ausgeschnitten. Eine Seite des Papiers und die Innenseite der Form mit Fett bestreichen. Dann die Form mit dem Papier auslegen. Überstehende Ränder und Ecken abschneiden.

**Einfüllhöhe**
Die Backformen sollten nur bis zu etwa zwei Dritteln gefüllt werden, da Biskuitmassen, Hefe- und Rührteige ihr Volumen vergrößern. Nehmen Sie am besten die Form, die in den Rezepten angegeben ist. Füllen Sie die Masse oder den Teig in eine größere Form, so wird der Kuchen flacher, die Backzeit reduziert sich. Bei kleineren Formen wird der Kuchen höher und die Backzeit verlängert sich.

# Herde

Sowohl Elektro- als auch Gasherde sind heute mit vielen technischen Raffinessen ausgestattet. Sie erleichtern die genaue Einhaltung der Backtemperatur und der Backzeit. Sowohl Elektro- als auch Gasherde sind zum Backen geeignet. In den Rezepten sind Backtemperatur und Backzeit angegeben. Die Backzeit kann jedoch nur ein Anhaltspunkt sein. Da die Temperaturregler der Backöfen nicht geeicht sind und die Öfen deshalb die eingestellte Temperatur nicht erreichen oder übersteigen können, können sich die Backzeiten im Einzelfall verlängern oder verkürzen.

Die unten angegebene Tabelle zeigt, wie sich die einzelnen Temperaturen bei verschiedenen Elektro- und Gasbacköfen mit Stufenregler einstellen lassen.

Bei **Heißluftöfen verringern sich die angegebenen Backtemperaturen um 20 bis 30%** (Empfehlung des Herstellers bitte beachten). Heißluftöfen brauchen nicht vorgeheizt werden. Bei Elektroöfen beträgt die Vorheizzeit 10 bis 20 Minuten, bei Gasbacköfen 10 bis 15 Minuten.

**Mikrowellenöfen** sind zum Backen nur bedingt geeignet, da in ihnen so gut wie keine Backkruste entsteht. Im Handel werden Backmischungen für die Mikrowelle angeboten, mit denen man ein befriedigendes Ergebnis erzielen kann. Die Mikrowelle kann aber sinnvoll zum Auftauen von Tiefkühl-Backwaren eingesetzt werden.

**Einschubhöhe**

Auf welcher Höhe man den Kuchen backen muß, hängt von der Form und vom Kuchen selbst ab. Für Kuchen, die stark aufgehen (z.B. Rührkuchen, Biskuit sowie Hefekuchen), sollte der Abstand zwischen Teigoberfläche und Herddecke mindestens 12 bis 15 cm betragen.

- Als Faustregel gilt, daß sich die Mitte des Backwerkes in der Mitte des Backofens befinden sollte.
- Kuchenformen niemals auf einem Blech in den Ofen schieben, sondern immer auf dem dafür vorgesehenen Gitter.
- Alle Kuchen und Torten in hohen oder halbhohen Formen werden auf der untersten Schiebeleiste gebacken.
- Auf der zweiten Einschubleiste von unten werden halbhohe Torten, Blätterteiggebäck, Brötchen, Brandmassen wie Eclaires oder Windbeutel und belegte Obstkuchenböden gebacken.
- Auf die mittlere Einschubleiste kommen blindgebackene Torten- oder Mürbteigböden, Blechkuchen, Baiser, Plätzchen und Torteletten.
- Auf die oberste Einschubleiste kommt Gebäck, das starke Oberhitze benötigt und nur überbacken werden soll.
- Bei Umluftöfen spielt die Einschubhöhe keine so wichtige Rolle, da hier die heiße Luft im gesamten Backraum herumgewirbelt wird. Trotzdem muß man bei Kuchen, die stark aufgehen, darauf achten, daß nach oben genügend freier Raum vorhanden ist.

|  | Elektrische Backöfen |  |  | Gasbacköfen |  |
|---|---|---|---|---|---|
| Temperatur etwa | 8 Stufen | 6 Stufen | 4 Stufen | 10 Stufen | 8 Stufen |
| 90°C | 2–3 | U2 O2 |  |  |  |
| 120°C | 3 | U3 O2 | U1 O1 | 1 | 1 |
| 150°C | 4 | U3 O3 | U2 O1 | 2–3 | 2 |
| 180°C | 5 | U4 O3 | U2 O2 | 4 | 3 |
| 210°C | 6 | U5 O4 | U3 O2 | 5–6 | 4 |
| 240°C | 7 | U5 O5 | U3 O3 | 7 | 5 |
| 270°C | 7–8 | U6 O5 | U4 O3 | 8–9 | 6–7 |
| 300°C | 8 | U6 O6 | U4 O4 | 10 | 8 |

U = Unterhitze / O = Oberhitze

# Backgeheimnisse

Anfängern sind manche Handgriffe beim Backen unbekannt. Deshalb hier ausführlich die wichtigsten Techniken, die in den Rezepten nicht mehr detailliert beschrieben sind.

**Eier kalt aufschlagen**
Voraussetzung ist ein Schneekessel der absolut fettfrei ist, und ein Schneebesen. Eier zusammen mit dem Zucker in den Kessel geben und beides mit einem Schneebesen schaumig schlagen, die Masse muß deutlich an Volumen zunehmen.

**Eier erst warm und dann kalt aufschlagen**
Voraussetzung sind fettfreie Arbeitsgeräte. Eier und Zucker in einen Schneekessel geben und gut verrühren. Den Schneekessel in ein passendes Gefäß, das mit warmen Wasser gefüllt ist, setzen. Die Ei-Zucker-Masse bei geringer Hitzezufuhr (das Wasser darf nicht kochen) einige Minuten lang aufschlagen, bis sie lauwarm ist. Den Schneekessel aus dem Wasserbad nehmen und die Masse abwechselnd mit schnellen, schlagenden und kreisenden Bewegungen so lange schlagen, bis sie abgekühlt ist. Sie dann mit geringerem Tempo weiterschlagen bis die Masse cremig ist, und an Stand und Volumen zugenommen hat.

**Eigelbe cremig rühren**
Eigelbe zusammen mit Zucker in einen Schneekessel oder in eine Rührschüssel geben. Beides mit einem Schneebesen oder einem Rührgerät so lange verrühren, bis die Masse weiß und cremig ist. Die Masse darf auf keinen Fall geschlagen werden, da sie sonst schaumig wird.

**Eiweiß vom Eigelb trennen**
Die Eier an einer harten Kante anschlagen. Die Eischale über einer Schüssel mit beiden Händen auseinanderziehen und das Eigelb von einer Schalenhälfte in die andere gleiten lassen, bis das Eiweiß abgeflossen ist. Dabei darf kein Eigelb zum Eiweiß kommen, da sich das Eiweiß dann nicht mehr steifschlagen läßt. Werden mehrere Eiweiße benötigt, sollte man deshalb die Eier einzeln über einer Tasse aufschlagen. Sollte doch einmal etwas Eigelb im Eiweiß verbleiben, dieses am besten mit einer Schalenhälfte entfernen. Leider klappt das nicht immer.

**Eiweiß zu festem Schnee schlagen**
Alle Geräte müssen absolut fettfrei sein. Das Eiweiß im Schneekessel mit dem Schneebesen oder mit dem Rührgerät so lange schlagen, bis es weiß wird. Nach und nach Zucker einrieseln lassen und schneller weiterschlagen. Den Eischnee so lange schlagen, bis sich alle Zuckerkristalle aufgelöst haben. Er muß fest, darf aber nicht flockig sein. Der Eischnee hat die richtige Konsistenz, wenn er am herausgezogenen Schneebesen scharfe Spitzen bildet.

Wird das Eiweiß trotz Beachtung aller Punkte nicht fest, einige Tropfen Zitronensaft dazugeben und weiterschlagen. Eischnee muß man sofort verarbeiten, er läßt sich nicht ein zweites Mal steifschlagen. Steht der Eischnee nach dem Aufschlagen zu lange, wird er flockig und flüssiges Eiweiß setzt sich ab. Anders verhält sich Eischnee, der zuerst im Wasserbad warm aufgeschlagen und danach kaltgeschlagen wurde. Er bleibt länger steif.

## Sahne steifschlagen

Es ist sehr wichtig, daß die Sahne nicht zu frisch, sondern zwei bis drei Tage alt und gut gekühlt ist. Auch die Arbeitsgeräte, wie Schneebesen, Schneekessel oder Schüssel sollten kalt sein.
Sahne kann sowohl mit dem Schneebesen als auch mit dem Rührgerät steifgeschlagen werden. Im Rührgerät mit niedriger Drehzahl beginnen, die Sahne dann mit hoher Drehzahl weiterschlagen und kurz bevor sie steif ist, die Drehzahl wieder drosseln. Aber Achtung! Sahne nicht zu lange schlagen, sonst wird sie buttrig. Am besten kann man die Konsistenz überwachen, wenn man die Sahne im Schneekessel oder in einer Schüssel aufschlägt. Schlagsahne muß nach dem Aufschlagen fest und luftig sein, und ihr Volumen muß sich deutlich vergrößert haben. Sahne nicht in einem zu heißen Raum schlagen.

Sahne kann auch zusammen mit Zucker aufgeschlagen werden. Auf 250 g Sahne rechnet man 15 bis 20 g Zucker. Im Handel werden Sahnesteifmittel angeboten. Sie bewirken, daß die Sahne länger standfest bleibt.

### *Tip*
Geschlagene Sahne niemals rühren. Zusätze nur unterheben.

## Verarbeitung von Gelatine

Gelatine muß vor dem Verarbeiten quellen. Blattgelatine legt man in sehr kaltes Wasser. Gemahlene Gelatine (Gelee- oder Aspikpulver) wird mit eiskaltem Wasser übergossen und zum Quellen einige Minuten stehen gelassen. Nach dem Quellen löst man die Gelatine in etwas Flüssigkeit auf. Dazu werden die Gelatineblätter ausgedrückt und im Wasserbad aufgelöst oder einzeln in eine heiße Flüssigkeit oder Masse gerührt. Auch gemahlene Gelatine muß vorher in Wasserbad aufgelöst werden.

Die aufgelöste Gelatine darf niemals unter eiskalte Zutaten gerührt werden, sie zieht dann entweder Fäden, oder sie klumpt und bindet nicht mehr richtig. Tritt dies ein, muß die Creme oder die Flüssigkeit soweit erwärmt werden, daß sich die Gelatine wieder auflösen kann.
Bei der Verarbeitung von Gelatine ist die Angabe im Rezept oder auf der Verpackung genau zu befolgen. Ein Gelatineblatt bindet etwa 150 ml Flüssigkeit. Bei unsachgemäßer oder zu langer Lagerung, kann es vorkommen, daß sich die Gelatine nicht mehr auflöst.

## Mandeln abziehen (enthäuten)
Die Mandeln in kochendes Wasser geben, etwa 2 Minuten kochen lassen und dann auf ein Sieb schütten. Die Mandeln heiß auf ein grobes Handtuch geben und dieses so zusammenfalten, daß die Mandeln nicht herausrutschen können. Die Mandeln kräftig mit dem Handtuch abrubbeln. Dadurch löst sich die Schale. Anschließend vorhandene Schalen mit der Hand entfernen. Die Mandeln zum Trocknen auf einem Backblech verteilen.

## Walnüsse abziehen (enthäuten)
Walnußkerne in Milch so lange kochen, bis sich die Schale mit einem kleinen, spitzen Messer leicht abziehen läßt. Die Kerne anschließend mit heißem Wasser abspülen und trockentupfen.

## Haselnüsse abziehen (enthäuten)
Haselnußkerne in einer trockenen Pfanne unter leichtem Rütteln oder auf einem Backblech im Ofen so lange rösten, bis sich die Schalen lösen. Die Kerne auf ein Tuch schütten und sie damit kräftig abrubbeln, bis die Schalen weitgehendst entfernt sind.

## Nüsse und Mandeln reiben
Beides wird am besten mit einer Mandelreibe gerieben. Beim Zerkleinern in einer Küchenmaschine oder im Mixer tritt zuviel Öl aus, und es entsteht ein Brei.

## Mandeln und Nüsse rösten
Mandeln und Nüsse können sowohl im Ganzen oder zerkleinert entweder in einer trockenen Pfanne auf dem Herd oder auf einem Blech im Backofen geröstet werden. Dabei schwenkt man die Pfanne leicht hin und her oder wendet die Nüsse mit dem Kochlöffel. Nach dem Rösten Mandeln und Nüsse zum Abkühlen sofort auf ein Blech schütten und ausbreiten.

# Hinweise zu den Rezepten

- Die in jedem Rezept angegebene **Zubereitungszeit** beinhaltet die Vorbereitungszeit (Teig/Masse zubereiten, Früchte vorbereiten) sowie die Zeit, die zum Fertigstellen eines Kuchens (Garnieren, Verzieren) benötigt wird. Diese Zeiten sind Erfahrungswerte. Zusätzlich werden Zeiten, die der Teig, die Masse oder der Kuchen zum Ruhen, Quellen oder Kühlen braucht, ausgewiesen.

Die **Backzeit** wird ebenfalls angegeben. Doch jeder Backofen heizt anders, daher können die Backzeiten einmal etwas von den angegebenen Zeiten abweichen.

- Die **Backtemperaturen** in den Rezepten beziehen sich immer auf Elektrobacköfen mit Ober- und Unterhitze. Bei der Verwendung von Umluft, muß die Temperatur um 20 bis 30% verringert werden. Umrechnungstabellen für Gasbackofen siehe Seite 20.
- Die **Mengenangaben** von Obst und Gemüse beziehen sich immer auf die ungeputzte Rohware.

**Abkürzungsverzeichnis:**

| | | |
|---|---|---|
| TL | = | Teelöffel |
| EL | = | Eßlöffel |
| Msp. | = | Messerspitze |
| g | = | Gramm (1000 g = 1 kg) |
| kg | = | Kilogramm |
| ml | = | Milliliter (1000 ml = 1 l) |
| l | = | Liter |
| cl | = | Zentiliter (1 cl = 10 ml) |
| cm | = | Zentimeter |
| ca. | = | zirka |
| °C | = | Grad Celsius |
| ø | = | Durchmesser |

# Einfache Kuchen

*Hefekuchen vom Blech, Rührkuchen aus Kastenformen und vor allem Obstkuchen in vielen Variationen tummeln sich in diesem Kapitel. Sie haben alle zwei Dinge gemeinsam: Die Kuchen sind einfach gut und die Zubereitungen unkompliziert.*

## Rahmkuchen

Zubereitungszeit: ca. ½ Stunde
Gehzeit: ca. 1 ¼ Stunden
Backzeit: ca. 35 Minuten

**Sie benötigen für ein rundes Blech von 28 cm ø:**

300 g Hefeteig (siehe Seite 120)
100 g Würfelzucker
250 g süße Sahne oder Crème double
4 EL Zucker

**So wird's gemacht:**
1. Den Hefeteig nach dem Grundrezept zubereiten, gehen lassen und ausrollen.
2. Den Teig auf das mit Backpapier ausgelegte Blech legen und einen Rand hochziehen.
3. Das Blech mit einem Küchentuch zudecken und den Teig nochmals 30 bis 40 Minuten gehen lassen. Dann den Teig mit einer Gabel mehrmals einstechen.
4. Den Backofen auf 200°C vorheizen. Die Würfelzuckerstücke halbieren und in gleichmäßigen Abständen in den Teig drücken.
5. Die Sahne oder die Crème double darübergießen, alles mit dem Zucker bestreuen und den Kuchen 30 bis 35 Minuten backen.
(Ergibt 12 Stück)
(Auf dem Foto: oben)

*Tips*
● Lauwarm schmeckt dieser Kuchen am besten. Man kann ihn aber auch kurz wieder aufwärmen.
● Es kann sein, daß die Sahne beim Backen etwas spritzt. Zur Vorsicht ein Blech darunterschieben.

## Französischer Zuckerkuchen

Zubereitungszeit: ca. 20 Minuten
Gehzeit: ca. 2 Stunden
Backzeit: ca. ¼ Stunde

**Sie benötigen für ein rundes Backblech von 23 cm ø:**

**Für den Teig:**

| |
|---|
| 10 g frische Hefe |
| 25 g Zucker |
| 6 EL lauwarmes Wasser |
| 250 g Weizenmehl (Type 405) |
| 1 Prise Salz |
| 1 EL abgeriebene Schale von einer unbehandelten Zitrone |
| 50 g Butter |
| 1 Ei |
| Mehl zum Bearbeiten |
| Butter zum Ausfetten |

**Außerdem:**

| |
|---|
| 1 EL lauwarme Vollmilch |
| 3 EL Zucker |
| 50 g Butter, in Flocken |

**So wird's gemacht:**

**1.** Die Hefe mit 1 Teelöffel Zucker, 2 Eßlöffeln Wasser und 1 Eßlöffel Mehl zu einem flüssigen Teig verrühren. Dies bei Zimmertemperatur auf die doppelte Menge gehen lassen.

**2.** Das restliche Mehl und das Salz mischen und in eine Schüssel sieben. In die Mitte eine Vertiefung drücken.

**3.** Die Zitronenschale, den restlichen Zucker, die in kleine Stücke geschnittene Butter, das verquirlte Ei und den Vorteig dazugeben. Alles rasch zu einem Teig zusammenarbeiten, nach und nach mit dem restlichen Wasser befeuchten. Den Teig gut kneten und mehrmals auf den Tisch schlagen, bis er eine gleichmäßige, glatte Struktur hat.

**4.** Der Teig soll fest, aber nicht hart sein. Ihn zu einer Kugel formen, in eine bemehlte, vorgewärmte Schüssel legen, mit einem Tuch bedecken und 1½ Stunden an einem warmen Ort gehen lassen.

**5.** Anschließend den Teig auf einer mit Mehl bestäubten Arbeitsfläche ausrollen, bis er so groß wie das Backblech ist. Das Backblech ausfetten. Den Teig auf das Blech legen, wenn nötig noch etwas ausziehen und mit den Fingern einen Rand von etwa 1 cm Höhe hochziehen. Den Teig weitere 10 Minuten auf dem Blech gehen lassen. Den Backofen auf 230°C vorheizen.

**6.** Den Rand mit der Milch bestreichen, den Teigboden mit dem Zucker und den Butterflocken bestreuen.

**7.** Den Kuchen etwa ¼ Stunde backen. Die Oberfläche darf nur hellbraune Flecken bekommen, eventuell mit Alufolie vor Ende der Backzeit abdecken. Den Kuchen lauwarm servieren.
(Ergibt 12 Stück)
(Auf dem Foto: unten)

### Tip
Der Kuchen schmeckt besonders gut mit leichtgeschlagener Sahne und frischen Himbeeren.

## Elsässer Gugelhupf

Zubereitungszeit: ca. 20 Minuten
Gehzeit: ca. 70 Minuten
Backzeit: ca. 50 Minuten

**Sie benötigen für eine Gugelhupfform von 22 cm ø:**

| |
|---|
| 60 g Rosinen |
| 2 EL Kirsch- oder Zwetschgenwasser |
| 20 g frische Hefe |
| 150 g Zucker |
| 300 ml lauwarme Milch |
| 350 g Weizenmehl (Type 405) |
| ½ TL Salz |
| 140 g Butter |
| 2 kleine Eier |
| Butter zum Ausfetten |
| 100 g geschälte Mandeln (nach Belieben) |
| Puderzucker zum Bestreuen |

**So wird's gemacht:**
**1.** Die Rosinen waschen, abtropfen lassen und im Kirsch- oder Zwetschgenwasser einweichen.
**2.** Die Hefe mit 1 Teelöffel Zucker und 6 Eßlöffeln lauwarmer Milch verrühren. Den Vorteig etwa 10 Minuten gehen lassen.
**3.** Das Mehl zusammen mit dem Salz in eine vorgewärmte Schüssel sieben, eine Vertiefung hineindrücken. Dahinein den Vorteig, die flüssige, lauwarme Butter, die verquirlten Eier, den restlichen Zucker und die eingelegten Rosinen geben.
**4.** Alles gut zusammenrühren. Dabei nach und nach die restliche lauwarme Milch dazugeben. Den Teig so lange mit einem Holzlöffel schlagen, bis er gleichmäßig fein ist.
**5.** Die Form ausfetten und die Rillen der Gugelhupfform unten mit den geschälten Mandeln auslegen. Den Teig sorgfältig in die Form füllen, so daß die Mandeln nicht wegschwimmen. Die Form sollte zu drei Vierteln gefüllt sein.
**6.** Den Teig etwa 1 Stunde gehen lassen, er sollte nicht mehr als bis 2 cm unter den Rand gehen. Den Backofen auf 190°C vorheizen.
**7.** Den Gugelhupf auf der mittleren Schiene etwa 50 Minuten backen. (Stäbchenprobe Seite 122).
**8.** Den Gugelhupf leicht abkühlen lassen, stürzen. Erkaltet mit dem Puderzucker bestreuen.
**(Ergibt 16 Stück)**

*Tip*
Bei Verwendung der klassischen elsässischen Tonform, den Kuchen auf der untersten Schiene backen und die Backzeit um 10 bis 15 Minuten verlängern.

# Mohnkranz

Zubereitungszeit: ca. 70 Minuten
Gehzeit: ca. ¾ Stunden
Backzeit: ca. ½ Stunde

**Sie benötigen für einen Kranz:**

**Für den Teig:**
350 g Weizenmehl (Type 405)
20 g frische Hefe
¼ l lauwarme Milch
3 EL Zucker
25 g Butter
1 Ei
1 Prise Salz
Mehl zum Bearbeiten

**Für die Füllung:**
¼ l Milch
150 g gemahlenen Mohnsamen
100 g Rosinen
6 EL Rum
25 g Butter
1 TL abgeriebene Schale von einer unbehandelten Zitrone
2 EL Zucker
1 EL süße Sahne

**Für die Glasur:**
150 g Puderzucker
3 EL Zitronensaft

**So wird's gemacht:**

**1.** Das Mehl in eine Schüssel sieben und in die Mitte eine Vertiefung drücken. Dahinein die Hefe, etwas lauwarme Milch und etwas Zucker geben und alles mit ein wenig Mehl zu einem Vorteig verrühren. Ihn etwa 20 Minuten gehen lassen.

**2.** Die geschmolzene Butter, den restlichen Zucker, das Ei, das Salz und die restliche Milch zum Vorteig geben und alles zu einem glatten Teig kneten. Diesen zugedeckt 45 Minuten gehen lassen.

**3.** In der Zwischenzeit die Milch erhitzen, über den Mohn gießen und diesen 10 Minuten quellen lassen. Die Rosinen waschen, trockentupfen und im Rum einlegen.

**4.** Für die Füllung die Butter schmelzen. Den Mohnsamen in ein mit einem feinen Tüchlein ausgelegtes Sieb gießen und gut auspressen. Mohn, Rosinen mitsamt Rum, Zitronenschale, Zucker und Sahne gut mischen.

**5.** Den Backofen auf 220°C vorheizen. Den Teig auf einer mit Mehl bestäubten Arbeitsfläche 4 mm dick zu einem Rechteck ausrollen. Die Füllung darauf verteilen und glattstreichen. Dabei an den Längsseiten einen Rand freilassen. Von der Breitseite her locker aufrollen und zu einem Kranz legen.

**6.** Den Kranz auf ein mit Backpapier belegtes Blech legen, mit Wasser bestreichen und ihn mit einem scharfen Messer im Abstand von 1½ cm etwa 3 mm tief einschneiden.

**7.** Den Kuchen in den Backofen schieben und etwa ½ Stunde backen. Inzwischen für die Glasur den Puderzucker zusammen mit dem Zitronensaft glattrühren.

**8.** Den fertig gebackenen Kranz herausnehmen und auf ein Kuchengitter heben. Noch heiß mit der Glasur bestreichen.
(Ergibt etwa 8 Stück)

## Tips

● Man kann den Mohnkranz auch in einer Springform backen. Die Backzeit verlängert sich dann jedoch um 10 bis 15 Minuten.
● Das Einlegen des Mohnsamens ist sehr wichtig, sonst ist er zu hart.

## *Orangenrührkuchen*

Zubereitungszeit: ca. ½ Stunde
Backzeit: ca. 55 Minuten

**Sie benötigen für eine Kastenform von ca. 2 l Inhalt:**

| |
|---|
| 250 g weiche Butter |
| 180 g Zucker |
| 1 TL abgeriebene Schale einer unbehandelten Orange |
| 1 Prise Salz |
| 1 Päckchen Vanillezucker |
| 4 Eier |
| 250 g Weizenmehl (Type 405) |
| ½ TL Backpulver |
| 4 cl Orangenlikör |
| Butter und Mehl für die Form |
| eventuell Puderzucker zum Bestäuben |

**So wird's gemacht:**

**1.** Den Backofen auf 190°C vorheizen. Die Butter zusammen mit dem Zucker, der Orangenschale, dem Salz und dem Vanillezucker schaumig rühren.
**2.** Die Eier einzeln dazugeben und unterrühren. Immer erst ein neues Ei dazugeben, wenn das vorangegangene vollkommen eingearbeitet ist.
**3.** Das Mehl sieben und mit dem Backpulver mischen. Das Mehl-Backpulver-Gemisch löffelweise unter die Kuchenmasse rühren. Zum Schluß den Orangenlikör daruntermischen.
**4.** Eine Kastenform dünn mit Butter ausstreichen und mit Mehl ausstäuben.
**5.** Die Masse in die Form füllen, glattstreichen und den Kuchen auf der untersten Schiene im Backofen etwa 55 Minuten backen. Nach ½ Stunde die Kuchenoberfläche mit Pergamentpapier abdecken. Nach etwa 50 Minuten Backzeit die Stäbchenprobe (siehe Seite 122) machen.
**6.** Den Kuchen aus dem Ofen nehmen, etwa ¼ Stunde in der Form auskühlen lassen. Dann aus der Form gleiten lassen und zum Auskühlen auf ein Gitter setzen.
**7.** Die Oberfläche des Kuchens nach Belieben mit Puderzucker bestäuben.
(Ergibt 15 bis 18 Stück)
(Auf dem Foto: oben)

## *Tips*

● Die Rührkuchenmasse sollte zähfließend sein und beim Einfüllen in die Form reißen. Ist das nicht der Fall und die Masse ist zu dick, kann noch etwas lauwarme Milch daruntergerührt werden.
● Der Kuchen kann auch mit einer Glasur aus Orangensaft und Puderzucker überzogen werden.

## *Marmorkuchen*

Die Rührkuchenmasse ohne Orangenschale und -likör zubereiten. Unter die Hälfte der Rührkuchenmasse etwa 3 Eßlöffel Kakaopulver mischen. Erst die dunkle Masse in die Form geben, darauf die helle Masse schichten und die beiden Massen mit einer Fleischgabel oder einem Holzspieß leicht durchrühren, damit ein Marmormuster entsteht.
(Auf dem Foto: Mitte links)

## *Rührkuchen mit Schokoladenstücken*

Die Rührkuchenmasse ohne Orangenschale und -likör zubereiten. Etwa 100 g Bitter- oder Zartbitterschokolade in kleine Stücke schneiden oder grob raspeln und unter die Rührkuchenmasse mischen.
(Auf dem Foto: Mitte rechts)

## *Rührkuchen mit Cognacsultaninen*

Die Rührkuchenmasse ohne Orangenschale und -likör zubereiten. Etwa 120 g Sultaninen waschen und zusammen mit 4 cl Cognac aufkochen, auskühlen und abtropfen lassen. Die Sultaninen gut trockentupfen, mit Mehl bestäuben und unter die Rührkuchenmasse mischen. Das Bestäuben ist wichtig, damit die Sultaninen während des Backens nicht zu Boden sinken.
(Auf dem Foto: unten rechts)

## *Pekannußkuchen*

Die Rührkuchenmasse ohne Orangenschale und -likör zubereiten. Etwa 100 g Pekannüsse fein reiben und unter die Rührkuchenmasse mischen. Den Kuchen backen. Nach Belieben mit Aprikotur (siehe Seite 138) einstreichen und in geriebenen Pekannüssen wenden. Anstelle der Pekannüsse können Mandeln, Kokosflocken, Hasel- und Walnüsse genommen werden.
(Auf dem Foto: unten links)

## Versunkener Aprikosenkuchen

Zubereitungszeit: ca. 40 Minuten
Backzeit: ca. ¾ Stunden

**Sie benötigen für eine Springform von 26 cm ø:**

| |
|---|
| 500 g kleine reife Aprikosen |
| Butter und geriebene Mandeln für die Form |
| 4 Eigelb |
| 140 g Zucker |
| 1 Prise Salz |
| einige Tropfen Bittermandelaroma |
| 60 g weiche, geschälte Butter |
| 120 g Weizenmehl (Type 405) |
| ½ Päckchen Backpulver |
| 60 g geriebene, geschälte Mandeln |
| 4 Eiweiß |
| Puderzucker zum Bestäuben |

**So wird's gemacht:**
1. Die Aprikosen waschen, halbieren, dann entsteinen.
2. Die Springform ausfetten und mit Mandeln ausstreuen. Den Backofen auf 180°C vorheizen.
3. Die Eigelbe zusammen mit der Hälfte des Zuckers, dem Salz, dem Mandelaroma und der Butter cremig rühren.
4. Das Mehl mit dem Backpulver sieben, mit den Mandeln mischen und löffelweise unter die cremige Eigelbmasse heben.
5. Die Eiweiße mit dem restlichen Zucker zu Schnee schlagen und unter die Masse ziehen.
6. Die Masse in die vorbereitete Springform füllen. Die Aprikosen leicht hineindrücken.
7. Den Kuchen auf der zweiten Schiene von unten etwa ¾ Stunden backen.
8. Nach dem Backen den Kuchen 3 bis 4 Minuten in der Form stehen lassen. Dann den Kuchen herausnehmen, auskühlen lassen und mit Puderzucker bestäuben.
(Ergibt 16 Stück)
(Auf dem Foto: oben)

## Käsekuchen

Zubereitungszeit: ca. 35 Minuten
Kühlzeit: ca. 1 Stunde
Backzeit: ca. 80 Minuten

**Sie benötigen für eine Springform von 28 cm ø:**

**Für den Mürbeteig:**
240 g Weizenmehl (Type 405)
120 g weiche Butter
40 g Puderzucker
1 Prise Salz
½ TL abgeriebene Schale von einer unbehandelten Zitrone
1 Ei
Mehl zum Bearbeiten
Hülsenfrüchte zum Blindbacken

**Für die Quarkfüllung:**
500 g Schichtkäse (20% Fett i.Tr.) oder Speisequark
1 Vanilleschote
4 Eigelb
140 g Zucker
1 Prise Salz
1 EL abgeriebene Schale von einer unbehandelten Zitrone
35 g Vanillepuddingpulver
400 ml Milch
170 g süße Sahne
4 Eiweiß

**Außerdem:**
Puderzucker zum Bestäuben

**So wird's gemacht:**
1. Das Mehl auf eine Arbeitsplatte sieben und ringförmig aufhäufen. Die Butter in recht kleine Stücke zerteilen.
2. Die Butter, den Puderzucker, das Salz, die Zitronenschale und das Ei in die Mitte des Mehls geben und mischen.
3. Das Mehl möglichst schnell unterarbeiten (siehe Grundrezept Mürbeteig, Seite 124). Den Teig zu einer flachen Kugel formen, in Klarsichtfolie wickeln und etwa 1 Stunde im Kühlschrank ruhen lassen.
4. Den Backofen auf 190°C vorheizen. Gut die Hälfte des Teiges auf einer mit Mehl bestäubten Arbeitsfläche rund ausrollen.
5. Den Teig auf den Boden einer Springform legen und gut andrücken. Den restlichen Teig zu einer langen Rolle formen, und diese fest an den Boden und den Rand drücken.
6. Den Teigboden 15 bis 20 Minuten blind backen (siehe Seite 126). Die Hülsenfrüchte und das Backpapier entfernen und den Boden auskühlen lassen. Den Backofen auf 150°C zurückschalten.
7. Den Schichtkäse oder den Quark auf einem feinen Sieb abtropfen lassen, dann durch das Sieb streichen.
8. Die Vanilleschote längs aufschneiden und das Mark herauskratzen. Das Mark, die Eigelbe, die Hälfte des Zuckers, das Salz und die Zitronenschale cremig rühren.
9. Den Schichtkäse oder den Quark und das Puddingpulver hinzufügen. Alles kräftig durchrühren, dabei die Milch langsam dazugeben. Die Masse sollte locker, aber nicht flüssig sein.
10. Die Sahne steif schlagen und unter die Käsemasse ziehen.
11. Die Eiweiße leichtschlagen, bis sie weiß geworden sind. Den restlichen Zucker einrieseln lassen und die Eiweiße steif schlagen.
12. Den Eischnee vorsichtig unter die Käsemasse ziehen, die Masse auf den Teigboden geben und glattstreichen. Den Kuchen auf der zweiten Schiene von unten 70 bis 80 Minuten backen.
13. Nach dem Backen den Käsekuchen etwa 5 Minuten stehen lassen. Mit einem schmalen Messer am Rand entlangfahren, um den Kuchen zu lösen. Den Kuchen auf ein Tortengitter gleiten und abkühlen lassen.
14. Den Kuchen dünn mit Puderzucker bestäuben.
(Ergibt 16 Stück)
(Auf dem Foto: unten)

### Variationen
- Ziehen Sie Kompottfrüchte unter die Käsemasse, z.B. Äpfel, Aprikosen, Ananas, Birnen, Kirschen und Stachelbeeren.
- Der Boden kann nach dem Blindbacken mit exotischen Früchten, wie Datteln oder Feigen-, Mango- und Tamarilloscheiben, belegt werden.
- Sehr beliebt sind Sultaninen in der Quarkmasse.

### Tip
Ganz entscheidend für das Gelingen des Kuchens ist die richtige Backtemperatur. Er darf nicht zu heiß gebacken werden, damit er nicht zu stark treibt, anschließend zusammenfällt und fest und trocken wird. Geht der Kuchen zu stark auf, muß man ihn aus dem Ofen nehmen und den Backprozeß einige Minuten unterbrechen. Wölbt sich der Kuchen in der Mitte, schneiden Sie ihn mit einem Messer am Rand ein. So löst man die angebackene Haut, und der Kuchen kann nun gleichmäßig aufgehen. Wichtig: die Backtemperatur in diesen Fällen reduzieren. Die idealen Backtemperaturen für Quarkkuchen liegen zwischen 150 und 180°C. Je niedriger die Backtemperatur, desto besser das Backergebnis.

## *Apfel-Streusel-Kuchen*

Zubereitungszeit: ca. ½ Stunde
Kühlzeit: ca. 1 Stunde
Backzeit: ca. 40 Minuten

**Sie benötigen für ein rundes Backblech von 26 cm ø:**

| |
|---|
| 400 g Mürbeteig |
| (siehe Seite 125) |
| Mehl zum Ausrollen |

**Für die Füllung:**

| |
|---|
| 2 EL gemahlene Haselnüsse |
| 1 kg Äpfel (am besten Boskoop) |
| 1 EL Zitronensaft |
| 2 EL Rosinen |
| 1 TL Zimtpulver |
| 1 Msp. gemahlene Muskatnuß |
| 3 EL Zucker |

**Für die Streusel:**

| |
|---|
| 100 g Butter |
| 150 g Zucker |
| ½ TL Zimtpulver |
| 1 TL Vanillezucker |
| 150 g Weizenmehl (Type 405) |

**So wird's gemacht:**

**1.** Den Mürbeteig wie beschrieben zubereiten und kühl stellen.

**2.** Anschließend den Teig auf einer mit Mehl bestäubten Arbeitsfläche ausrollen und in die mit Backpapier ausgelegte Springform legen. Die Haselnüsse darauf streuen.

**3.** Die Äpfel schälen, das Kerngehäuse entfernen. Die Äpfel in Schnitze schneiden und dicht auf den Kuchenboden legen.

**4.** Die Äpfel sofort mit Zitronensaft beträufeln und Rosinen, Zimtpulver, Muskatnuß und Zucker darüber streuen. Den Backofen auf 200°C vorheizen.

**5.** Für die Streusel die Butter, den Zucker, den Zimt, den Vanillezucker und das Mehl so lange zwischen den Fingern verreiben, bis gleichmäßige Krümel entstehen. Die Streusel über die Äpfel verteilen.

**6.** Den Kuchen etwa 35 Minuten backen. Die Streusel dürfen nicht zu dunkel werden. Eventuell den Kuchen mit Alufolie abdecken.
(Ergibt 16 Stück)

### *Variationen*

● Dieser Kuchen läßt sich ebensogut mit Birnen, Kirschen, Zwetschgen oder Aprikosen zubereiten.

● Auch mit Hefeteig schmeckt Steuselkuchen sehr gut.

## Apfelkuchen mit Quarkguß

Zubereitungszeit: ca. 1 Stunde
Kühlzeit: ca. 1 Stunde
Backzeit: ca. 35 Minuten

**Sie benötigen für ein rundes Backblech von 26 cm ø:**

| 400 g geriebenen Teig |
| (siehe Seite 126) |
| Mehl zum Ausrollen |

**Für die Füllung:**

| 2 EL geriebene Haselnüsse |
| oder Kuchenbrösel |
| 1 kg Äpfel (am besten Boskoop) |
| 1 EL Zimtpulver |
| 1 EL Zucker |
| 150 g Speisequark |
| 100 g süße Sahne |
| 2 Eier |
| 2 Päckchen Vanillezucker |

**So wird's gemacht:**
1. Den Teig wie im Grundrezept beschrieben zubereiten und kühl stellen. Anschließend auf einer mit Mehl bestäubten Arbeitsfläche ausrollen.
2. Die Form mit Backpapier auslegen, den Teig darauf legen und fest am Boden und am Rand andrücken.
3. Den Boden mehrmals mit einer Gabel einstechen und mit Haselnüssen oder Kuchenbröseln bestreuen. Den Backofen auf 220°C vorheizen.
4. Die Äpfel schälen, vierteln und das Kerngehäuse entfernen. Die Apfelviertel in etwa 1 cm dicke Spalten schneiden und diese kreisförmig auf den Teigboden legen. Zimt und Zucker darüberstreuen.
5. Den Quark, die Sahne, die Eier und den Vanillezucker verrühren und den Guß über die Äpfel gießen.
6. Den Apfelkuchen auf der zweiten Schiene von unten etwa 35 Minuten backen.
7. Den Kuchen in der Form abkühlen lassen.
(Ergibt 16 Stücke)

### Tip
Am besten schmeckt der Apfelkuchen lauwarm.

### Variation
Der Kuchen kann auch mit Birnen zubereitet werden.

# Apfelstrudel

Zubereitungszeit: ca. 50 Minuten
Ruhezeit: ca. ½ Stunde
Backzeit: ca. ½ Stunde

**Sie benötigen für einen Strudel:**

250 g Strudelteig (siehe Seite 127)

275 g Butter

150 g Semmelbrösel

1 kg Äpfel

(Boskoop oder Cox Orange)

Mehl zum Ausrollen

150 g Zucker

2 TL Zimtpulver

80 g Rosinen

60 g gehackte Walnüsse

Puderzucker zum Bestäuben

**So wird's gemacht:**
**1.** Den Strudelteig zubereiten und ruhen lassen.
**2.** Etwa 125 g Butter erhitzen, die Semmelbrösel darin goldgelb rösten und anschließend zum Auskühlen beiseite stellen.
**3.** Die Äpfel schälen, vierteln und das Kerngehäuse entfernen. Die Äpfel in möglichst feine Scheiben schneiden.
**4.** Etwa 100 g Butter zum Bestreichen des Teiges zerlaufen lassen, sie darf nur lauwarm werden. Den Backofen auf 220°C vorheizen.
**5.** Ein Tuch auf der Arbeitsfläche ausbreiten und dünn mit Mehl bestäuben. Den Strudelteig erst von Hand strecken, dann mit dem Rollholz rechteckig ausrollen und zum Schluß über den Handrücken ausziehen.
**6.** Etwa zwei Drittel des Strudelteiges mit einem Teil der erwärmten Butter bestreichen.
**7.** Die Semmelbrösel gleichmäßig darauf streuen.
**8.** Die Apfelscheiben darauf verteilen und mit Zucker, Zimt, Rosinen und Nüssen bestreuen.
**9.** Das Tuch mit beiden Händen anheben und den Strudel aufrollen. Den Teig immer wieder mit Butter bestreichen.

**10.** Ein Backblech mit einem hohen Rand ausfetten und den Strudel darauf legen. Die Oberfläche mit der restlichen Butter bestreichen und den Strudel auf der zweiten Schiene von unten etwa ½ Stunde backen.
**11.** Den Strudel mit Puderzucker bestäuben und heiß servieren.
(Ergibt 10 Stück)
(Auf dem Foto: unten)

# Gedeckter Apfelkuchen

Zubereitungszeit: ca. 1 Stunde
Kühlzeit: ca. 1 Stunde
Backzeit: ca. 50 Minuten

**Sie benötigen für eine Springform von 26 cm ø:**

**Für den Teig:**

250 g Weizenmehl (Type 405)

100 g Zucker

1 Prise Salz

1 TL abgeriebene Schale von einer unbehandelten Zitrone

3 Eier

125 g Butter

Mehl zum Ausrollen

Butter zum Ausfetten

**Für die Füllung:**

1 kg Äpfel

1 EL Zitronensaft

1 TL abgeriebene Schale von einer unbehandelten Zitrone

100 g Zucker

½ TL Zimt

2 EL Rum oder Weinbrand

60 g Rosinen

100 g gehackte Mandeln

3 EL geriebene Mandeln

**Für den Guß:**

2 EL gehackte Mandeln

80 g Butter

80 g Zucker

**Außerdem:**

Puderzucker zum Bestreuen

**So wird's gemacht:**
**1.** Das Mehl in eine große Schüssel sieben und eine Vertiefung hineindrücken.
**2.** Zucker, Salz, Zitronenschale und die verquirlten Eier in die Vertiefung geben und diese Zutaten gut mischen.
**3.** Die Butter kleinschneiden, dazugeben und alles rasch zu einem festen Teig kneten. Diesen für etwa 1 Stunde kühl stellen.
**4.** Danach zwei Drittel des Teiges auf einer mit Mehl bestäubten Arbeitsfläche etwa 3 mm dick ausrollen. Eine Springform ausfetten, mit dem Teig auslegen. Der Rand sollte etwa 4 cm hoch sein. Den Teig gut andrücken.
**5.** Die Äpfel schälen und auf der Röstireibe grob raspeln. Sie sofort mit Zitronensaft, Zitronenschale, Zucker, Zimt und Rum oder Weinbrand mischen. Die Rosinen und die gehackten Mandeln darunterziehen.
**6.** Den Teigboden mit den geriebenen Mandeln bestreuen. Die Apfelfüllung darübergeben. Den Teigrand über die Füllung biegen und mit wenig Wasser befeuchten.
**7.** Den restlichen Teig zu einem Deckel ausrollen, auf den Kuchen legen und am Rand gut andrükken. Den Backofen auf 170°C vorheizen.
**8.** Für den Guß die Mandeln in einer trockenen Pfanne rösten. Die Butter erwärmen und mit dem Zucker und den Mandeln mischen. Diesen Guß auf dem Kuchen verteilen.
**9.** Den Kuchen 50 bis 60 Minuten backen. Die Oberfläche soll knusprig, aber nicht zu dunkel werden. Nach dem Erkalten mit dem Puderzucker bestreuen.
(Ergibt 16 Stück)
(Auf dem Foto: oben)

## Tip
Sollte die Oberfläche des Kuchens zu schnell dunkel werden, sie mit einer Alufolie abdecken.

## Birnenpie

Zubereitungszeit: ca. 80 Minuten
Kühlzeit: ca. 1½ Stunden
Backzeit: ca. ¾ Stunden

**Sie benötigen für eine Form von 22 cm ø:**

300 g geriebenen Teig
(siehe Seite 126)
1 kg Birnen
1 EL Butter
3 EL Zucker
3 EL Zitronensaft
4 Umdrehungen schwarzen
Pfeffer aus der Mühle
4 EL Birnenbranntwein
Butter zum Ausfetten
Mehl zum Ausrollen
1 Eigelb
125 g süße Sahne

**So wird's gemacht:**

**1.** Den geriebenen Teig zubereiten und mindestens 1 Stunde kühl ruhen lassen.
**2.** Die Birnen waschen, schälen, in 6 bis 8 Schnitze schneiden und die Kerngehäuse entfernen.
**3.** Die Butter schmelzen lassen, den Zucker dazugeben und zusammen zu einem hellen Karamel kochen. Ihn mit dem Zitronensaft und 2 Eßlöffeln Wasser ablöschen.
**4.** Die Birnenschnitze zum Karamel geben, den Pfeffer darüberstreuen und die Birnen halbgar dünsten, das dauert 5 bis 10 Minuten, je nach Birnensorte.
**5.** Die Schnitze herausnehmen, den Birnenbranntwein zum Karamel geben und alles auf etwa 3 Eßlöffel Flüssigkeit einkochen lassen.
**6.** Eine feuerfeste, flache, runde oder ovale Form mit der Butter ausfetten. Den Backofen auf 220°C vorheizen.
**7.** Die abgetropften Birnen kranzförmig in die Form legen.
**8.** Den Teig auf einer mit Mehl bestäubten Arbeitsfläche ausrollen und einen Deckel herausschneiden, der etwa 4 cm größer als die Form ist. In der Mitte des Deckels ein Loch ausstechen, damit der Dampf austreten kann.
**9.** Den Teigdeckel auf die Form legen, ihn seitlich am Rand in die Form stoßen und mit dem Eigelb bestreichen. Aus den Teigresten kleine Verzierungen schneiden und auf den Deckel legen. Alles nochmals mit Eigelb bestreichen.
**10.** Den Pie in etwa 35 Minuten goldgelb backen. Wenn nötig, gegen Ende der Backzeit mit der Aluminiumfolie abdecken.
**11.** Etwa ¼ Stunde vor Ende der Backzeit die Sahne mit der reduzierten Kochflüssigkeit gut mischen und mit einem kleinen Trichter durch das Dampfloch zu den Birnen gießen.
**12.** Den Pie warm oder lauwarm servieren.
(Ergibt 10 bis 12 Stück)

*Tip*
Auch Dosenbirnen können verwendet werden. Dann ein paar Eßlöffel Saft zusammen mit dem Birnenbranntwein reduzieren.

## Apfel-Birnen-Kuchen mit Weinguß

Zubereitungszeit: ca. 40 Minuten
Kühlzeit: ca. 1 Stunde
Backzeit: ca. 40 Minuten

**Sie benötigen für ein Kuchenblech von 28 cm ø:**
500 g geriebenen Teig ohne Zucker (siehe Seite 126)

**Für den Belag:**
3 Äpfel
5 Birnen
80 g Zucker
Saft von ½ Zitrone
300 ml Rotwein
1 Msp. Zimtpulver
1 Msp. Nelkenpulver
3 EL Birnen- oder Apfeldicksaft

**Außerdem:**
Mehl zum Ausrollen
2 EL Johannisbeergelee

**So wird's gemacht:**

**1.** Den geriebenen Teig zubereiten und kühl stellen.

**2.** Die Äpfel und zwei Birnen waschen und schälen. Die Kerngehäuse entfernen und die Früchte kleinschneiden.

**3.** Die kleingeschnittenen Früchte zusammen mit dem Zucker, dem Zitronensaft, dem Rotwein, dem Zimt- und dem Nelkenpulver sowie dem Birnen- oder Apfeldicksaft weichkochen.

**4.** Die Früchte in ein Sieb gießen, den abtropfenden Saft auffangen. Die drei restlichen Birnen waschen, schälen, halbieren, entkernen und im aufgefangenen Birnensaft biß-fest kochen.

**5.** In der Zwischenzeit den Teig auf einer mit Mehl bestäubten Arbeits-fläche etwa 3 mm dick ausrollen. Die Form mit Backpapier auslegen und den Teig hineinlegen. Einen Rand hochdrücken und den Bo-den mit einer Gabel mehrmals ein-stechen.

**6.** Den Kochsaft der Birnen zusam-men mit den vorgekochten Birnen- und Apfelschnitzen passieren oder pürieren. Die Masse in eine Pfanne geben und zu einem dicken Mus kochen. Den Backofen auf 220°C vorheizen.

**7.** Die Masse erkalten lassen, dann auf dem Kuchenboden verteilen und den Kuchen etwa ½ Stunde backen.

**8.** Die Birnenhälften sternförmig auf den Kuchen legen und ihn weitere 10 Minuten backen.

**9.** Die Birnen noch heiß mit dem erhitzten Gelee bestreichen.

**10.** Den Kuchen kalt, aber noch am selben Tag servieren.

(Ergibt 16 Stück)

## Obstkuchen aus Biskuit

Zubereitungszeit: ca. 25 Minuten
Backzeit: ca. 20 Minuten

**Sie benötigen für einen Tortenboden von 28 cm ø:**

**Für den Teig:**

| |
|---|
| Butter und Mehl für die Form |
| 2 Eier, 1 Eigelb |
| 2 cl warmes Wasser |
| 90 g Zucker |
| 1 Prise Salz |
| 1 Päckchen Vanillezucker |
| ½ TL abgeriebene Schale von einer unbehandelten Zitrone |
| 100 g Weizenmehl (Type 405) |
| 25 g Weizenstärke |
| 1 TL Backpulver (ca. 10 g) |

**So wird's gemacht:**
**1.** Die Obsttortenbodenform mit Butter ausstreichen und dünn mit Mehl ausstäuben. Den Backofen auf 180°C vorheizen.
**2.** Eier, Eigelb, Wasser, Zucker, Salz, Vanillezucker und Zitronenschale mit dem Handrührgerät schaumig rühren.
**3.** Das Mehl zusammen mit der Stärke und dem Backpulver sieben und vorsichtig unter die Ei-Zucker-Masse mischen.
**4.** Die Biskuitmasse in die Form füllen und glattstreichen.
**5.** Den Biskuittortenboden etwa 20 Minuten backen. Stäbchenprobe machen (siehe Seite 122), eventuell nachbacken.
**6.** Den gebackenen Boden 3 bis 4 Minuten ruhen lassen, dann auf ein rundes Kuchengitter stürzen und auskühlen lassen.
(Es gibt 12 Stück)

**Für den Belag:**
● Der Tortenboden kann mit rohen Früchten, wie Bananen, Mangos, Kakis, Kiwis, Tamarillos, Guaven, oder verschiedenen Beeren (Himbeeren, Brombeeren, Erdbeeren, Johannisbeeren), belegt werden.
● Auch Kompottfrüchte, wie Ananas, Aprikosen, Pfirsiche, Birnen, Heidelbeeren und Stachelbeeren, eignen sich dazu.
● Hübsch sehen folgende Kombinationen aus: Ananas mit Erdbeeren, Feigen mit Johannisbeeren, Passionsfrüchte mit Karambolen, Papayas mit Pfirsichen, Kiwis mit Mangos oder Erdbeeren.
● Man rechnet 750 bis 1000 g Obst, je nach Sorte und nach der gewünschten Belagdicke.
● Die Obst- oder Beerentorten können zusätzlich mit einem Tortenguß überzogen werden.
● Man kann sie aber auch mit einer Baisermasse (siehe Seite 43) verzieren und überbacken.
● Wer mag, kann unter die Früchte noch eine Cremeschicht, z.B. eine Vanillefüllcreme, geben.

## Tips
● Der Obstkuchenboden kann vor dem Belegen mit einer heißgemachten Marmelade bestrichen werden.
● Der Boden hält sich in Folie verpackt einige Tage.
● Auch Böden aus Mürbeteig oder Rührteig eignen sich für den Obstbelag.

## Tortenguß

Zubereitungszeit: 10 Minuten

**Sie benötigen für einen Kuchen von ca. 28 cm ø:**

| |
|---|
| 1 Päckchen Tortenguß (ca. 13 g) |
| ¼ l Wasser, Wein oder Fruchtsaft |
| 30–40 g Zucker |

**1.** Den Tortenguß zusammen mit der Flüssigkeit glattrühren. Den Zucker hinzufügen und alles unter ständigem Rühren aufkochen.
**2.** Den heißen Guß auf den Beeren oder auf den Früchten von der Mitte aus verteilen. Den Tortenguß erkalten lassen.

# Rhabarberkuchen

Zubereitungszeit: ca. 1 Stunde
Ruhezeit: ca. 20 Minuten
Backzeit: ca. ¾ Stunden

**Sie benötigen für eine Obst-kuchenform von 26 cm ø:**

**Für den Teig:**

75 g Quark
60 g Zucker
½ Päckchen Vanillezucker
2 Prisen Salz
4 EL Öl, 3 EL Milch
2 Eigelb
300 g Weizenmehl (Type 405)
½ Päckchen Backpulver
Mehl zum Ausrollen
Butter zum Ausfetten
Hülsenfrüchte zum Blindbacken

**Für den Belag:**

1 kg Rhabarber
2 EL Zucker
2 Msp. Zimtpulver
2 EL Kuchen- oder Zwiebackbrösel

**Für die Baisermasse:**

5 Eiweiß
120 g Zucker

**So wird's gemacht:**

**1.** Den Quark in eine Schüssel geben und nach und nach den Zucker, den Vanillezucker, das Salz, das Öl, die Milch und die Eigelbe darunterrühren.
**2.** Das Mehl zusammen mit dem Backpulver sieben. Etwa die Hälfte davon mit einem Holzlöffel unter die Eigelbmasse mischen.
**3.** Das restliche Mehl hinzufügen und alles mit der Hand schnell und kurz zusammenkneten. Wird der Teig zu lange geknetet, klebt er.
**4.** Den Teig mit Klarsichtfolie abdecken und etwa 20 Minuten in den Kühlschrank stellen. Den Backofen auf 200°C vorheizen.
**5.** Eine Arbeitsfläche mit Mehl bestäuben. Den Quark-Öl-Teig etwa 5 mm dick ausrollen.

**6.** Die Form mit Butter ausstreichen und mit dem Teig auslegen.
**7.** Den Teig am Boden und am Rand fest andrücken und mit einer Gabel mehrmals einstechen.
**8.** Den Teig mit Backpapier belegen, die Hülsenfrüchte darauflegen und den Boden etwa 12 Minuten blindbacken (siehe Seite 126).
**9.** In der Zwischenzeit den Rhabarber schälen, waschen, trockentupfen und in etwa 4 cm lange Stücke schneiden. Den Zucker und den Zimt über die Rhabarberstücke streuen, alles gut mischen und etwa 10 Minuten stehen lassen.
**10.** Den Boden aus dem Ofen nehmen, Backpapier und Hülsenfrüchte entfernen und den Teigboden leicht abkühlen lassen.
**11.** Den Boden mit Kuchenbröseln bestreuen und mit den Rhabarberstücken belegen.
**12.** Den Rhabarberkuchen auf der mittleren Schiene etwa 35 Minuten backen. Herausnehmen und etwas abkühlen lassen. Die Backtemperatur auf 220°C erhöhen.
**13.** Die Eiweiße zu Schnee schlagen, dabei den Zucker dazugeben.
**14.** Den Eischnee in einen Spritzbeutel mit einer Sterntülle füllen und gitterartig auf die Rhabarberoberfläche spritzen.
**15.** Den Rhabarberkuchen nochmals etwa 10 Minuten überbacken, bis die Oberfläche der Baisermasse goldbraun ist.
(Ergibt 12 Stück)
(Auf dem Foto: oben)

## Tips

● Aus dem Teig können auch Tarteletts gebacken werden.
● Der Quark-Öl-Teig zählt zu den Mürbeteigen, und er läßt sich vielseitig verwenden. Ohne Zucker zubereitet kann er wie Blätterteig für pikantes Gebäck genommen werden.
● Die Baisermasse schmeckt besonders gut zu säuerlichem Obst, wie Johannisbeeren, Stachelbeeren oder Jostabeeren.

# Rhabarberkuchen nach Bauernart

Zubereitungszeit: ca. 1 Stunde
Kühlzeit: ca. 1 Stunde
Backzeit: ca. 40 Minuten

**Sie benötigen für eine Springform von 26 cm ø:**

400 g geriebenen Teig
(siehe Seite 126)

**Für den Belag:**

1 kg Rhabarber
200 g Sahnequark
4 EL Zucker, 1 TL Vanillezucker
3 EL Milch, 1 Ei
1 EL Weizenmehl (Type 405)
1 EL Rosinen oder Sultaninen

**Außerdem:**

Mehl zum Ausrollen
Butter zum Ausfetten
½ TL Zimtpulver, 3 EL Zucker

**So wird's gemacht:**

**1.** Den Teig zubereiten und kühlen.
**2.** Den Rhabarber schälen, waschen und in etwa 1½ cm lange Stücke schneiden. Dicke Stengel zuerst halbieren.
**3.** Den Quark, den Zucker, den Vanillezucker, die Milch, das Ei und das Mehl gut verrühren. Den Backofen auf 200°C vorheizen.
**4.** Den Teig auf einer mit Mehl bestäubten Arbeitsfläche etwa 3 mm dick ausrollen. Die Springform ausfetten und den Teig hineinlegen. Einen doppelten Rand von etwa 4 cm Höhe formen.
**5.** Die Rhabarberstücke auf dem Teigboden verteilen. Die Quarkmasse darübergießen und alles mit den gewaschenen Rosinen oder Sultaninen bestreuen.
**6.** Den Kuchen etwa 40 Minuten backen.
**7.** Den Zimt und den Zucker mischen und über den noch warmen Kuchen streuen.
(Ergibt 12 Stück)
(Auf dem Foto: unten)

## Tiroler Zwetschgenkuchen

Zubereitungszeit: ca. 25 Minuten
Backzeit: ca. 50 Minuten

**Sie benötigen für eine Springform von 24 cm ø:**

**Für den Teig:**
| |
|---|
| 100 g weiche Butter |
| 2 Eier |
| 100 g Zucker |
| 1 Prise Salz |
| 1 TL Backpulver |
| 250 g Weizenmehl (Type 405) |

**Außerdem:**
| |
|---|
| 1 kg Zwetschgen |
| 2 EL Zucker |
| 2 TL Vanillezucker |
| 2 EL Puderzucker |

**So wird's gemacht:**
1. Den Backofen auf 190°C vorheizen. Die weiche Butter, die Eier und den Zucker zu einer glatten Creme verrühren.
2. Das Salz, das Backpulver und das Mehl mischen und zu der Eiercreme sieben. Alle Zutaten zu einem gleichmäßigen Teig verrühren.
3. Die Springform mit Backpapier auslegen und die Hälfte des Teiges hineingießen. Den Boden etwa 10 Minuten vorbacken.
4. Die Zwetschgen waschen, entsteinen, vierteln und mit dem Zucker und 1 Teelöffel Vanillezucker mischen.
5. Den Boden aus dem Ofen nehmen und mit den Zwetschgen dicht belegen. Den restlichen Teig darauf gießen und den Kuchen weitere 40 Minuten backen.
6. Den Kuchen etwa 4 Minuten in der Form abkühlen lassen, dann herausnehmen.
7. Den Kuchen vor dem Servieren mit einer Mischung aus Puderzucker und Vanillezucker bestreuen. Ihn lauwarm oder kalt, aber noch frisch servieren.
(Ergibt 12 Stück)

### Tip
Dazu steifgeschlagene Sahne reichen.

### Variationen
Dieser Kuchen läßt sich auch mit Aprikosen, Mirabellen oder Reineclauden zubereiten.

## Brombeerkuchen mit Rahmguß

Zubereitungszeit: ca. 50 Minuten
Backzeit: ca. 35 Minuten

**Sie benötigen für ein rundes Kuchenblech von 26 cm ø:**

| |
|---|
| 400 g geriebenen Teig (siehe Seite 126) |
| 600 g Brombeeren |
| Mehl zum Ausrollen |

**Für den Rahmguß:**

| |
|---|
| 125 g süße Sahne |
| 2 EL Zucker |
| 1 Prise Salz |
| 1 EL Speisestärke |

**Außerdem:**

| |
|---|
| 2 EL Puderzucker zum Bestreuen |

**So wird's gemacht:**

**1.** Den Teig zubereiten und kühl stellen. Die Brombeeren waschen und abtropfen lassen. Den Backofen auf 230°C vorheizen.
**2.** Den Teig auf einer mit Mehl bestäubten Arbeitsfläche etwa 3 mm dick ausrollen. Das Blech mit Backpapier auslegen und den Teig hineinlegen. Einen doppelten Rand formen und ihn mit einer Gabel verzieren.
**3.** Den Teigboden mehrmals mit der Gabel einstechen. Die Brombeeren darauf verteilen.
**4.** Die Sahne, den Zucker, das Salz und die Speisestärke verrühren.
**5.** Den Kuchen etwa 35 Minuten backen. Nach etwa 10 Minuten Backzeit den Rahmguß darübergeben, den Kuchen mit Puderzucker bestreuen und fertigbacken.
**6.** Den Kuchen aus dem Blech nehmen und auf einem Gitter auskühlen lassen.
(Ergibt 12 Stück)

## Tip

Dieser Kuchen läßt sich mit tiefgekühlten Früchten oder anderen Beeren zubereiten.

## Christstollen nach Dresdner Art

Zubereitungszeit: ca. 1 Stunde
Gehzeit: ca. 1¾ Stunden
Backzeit: ca. 1 Stunde

### Sie benötigen für einen Stollen:

| |
|---|
| 1 Würfel frische Hefe (42 g) |
| 100 g Zucker |
| ¼ l lauwarme Milch |
| 550 g Weizenmehl (Type 405) |
| 1 TL Salz |
| 1 Ei |
| 1 EL abgeriebene Schale von einer unbehandelten Zitrone |
| je 1 Prise gemahlenen Kardamom, Muskatnuß und Zimt |
| 3–4 Tropfen Bittermandelaroma |
| 200 g Butter |
| Mehl zum Bearbeiten |
| 100 g Rosinen |
| 100 g Sultaninen |
| 3–4 EL Rum |
| je 70 g feingewürfeltes Zitronat und Orangeat |
| 150 g grobgehackte Mandeln |
| 50 g grobgehackte geschälte Pistazien |
| 80 g Butter zum Ausfetten und Bestreichen |
| Puderzucker zum Bestreuen |

### So wird's gemacht:

1. Die Hefe, 1 Eßlöffel Zucker, 4 Eßlöffel lauwarme Milch und wenig Mehl zu einem Vorteig verrühren. Diesen warm stellen (maximal 35°C) und auf das Doppelte gehen lassen.
2. Eine Schüssel vorwärmen. Das Mehl zusammen mit dem Salz in die Schüssel sieben und in die Mitte eine Vertiefung drücken.
3. Den Vorteig, den restlichen Zucker, die restliche Milch, das verquirlte Ei, die Zitronenschale, die Gewürze und das Bittermandelaroma in die Vertiefung geben. Die Butter schmelzen lassen und ebenfalls dazugeben. Nun alle Zutaten mit der Hand kräftig schlagen, bis sich der Teig sehr gut von der Schüssel löst.
4. Den Teig zu einer Kugel formen, sie mit wenig Mehl bestreuen und zugedeckt 30 bis 40 Minuten gehen lassen.
5. Die Rosinen und die Sultaninen waschen, abtropfen lassen und mit dem Rum mischen. Dann zusammen mit dem Zitronat, dem Orangeat, den Mandeln und den Pistazien unter den Teig kneten.
6. Den Teig nochmals kräftig durchkneten, dünn mit Mehl bestäuben und wieder 30 bis 40 Minuten gehen lassen.
7. Den Backofen auf 190°C vorheizen. Den Teig auf einer mit Mehl bestäubten Arbeitsfläche mit dem Wellholz auf einer Seite etwas flachdrücken. Die dickere Hälfte des Stollens auf die dünnere Hälfte klappen. Ein Backblech mit Backpapier belegen und den Stollen darauf legen.
8. Den Stollen auf dem Backblech für etwa 10 Minuten kühl stellen, danach 50 bis 60 Minuten backen.
9. Nach dem Backen den heißen Stollen so lange mit der flüssigen Butter bestreichen, bis sie aufgebraucht ist.
10. Den Stollen sofort dick mit dem Puderzucker bestreuen.
(Ergibt ca. 30 Stück)

### *Tips*

- Die Backzeit und die Backhitze richten sich nach der Größe des Stollens. Er darf nur hellgelb werden, sonst trocknet er aus. Man sollte aber die Stäbchenprobe machen.
- Stollen lassen sich sehr gut tiefkühlen. Sie müssen beim Auftauen nicht mehr aufgebacken werden. Sie aber erst nach dem Auftauen mit Puderzucker bestreuen.
- Bei Verwendung einer Stollenbackhaube den Teig in die ausgefettete Haube drücken und sie mit der offenen Seite auf das Blech legen. Beim Backen mit der Haube bleibt der Stollen schön geformt. Außerdem lassen sich mit der dazu gelieferten Abtrennung gleichzeitig 2 Stollen backen.
- Der Stollen bleibt beim Backen besser in Form, wenn man ihn zwischen zwei Backhölzern einklemmt und diese durch zwei Förmchen oder Tassen festhält.

# Festliche Torten

*Diese Torten stehen im Mittelpunkt jeder feierlichen Kaffeetafel. Feine Teige, luftige Sahne-Frucht-Füllungen, zart-schmelzende Cremes auf Butterbasis und hübsche Verzierungen zeichnen die folgenden Rezepte aus.*

## Schwarzwälder Kirschtorte

Zubereitungszeit: ca. 1 Stunde
Backzeit: ca. ¾ Stunden

**Sie benötigen für eine Springform von 24 cm ø:**

**Für die Masse:**

| |
|---|
| 4 Eier |
| 100 g Zucker |
| 150 g dunkle Schokolade |
| 100 g Butter |
| 5 EL Schwarzwälder Kirschwasser |
| 50 g Weizenmehl (Type 405) |
| 1 TL Backpulver |
| 1 Prise Salz |
| 50 g Weizenstärke |
| 150 g gemahlene Haselnüsse |
| Butter zum Ausfetten |

**Für die Füllung:**

| |
|---|
| 500 g süße Sahne |
| 1 Päckchen Vanillezucker |
| ⅛ l Schwarzwälder Kirschwasser |
| 750 g Sauerkirschen (aus dem Glas) |
| 50–80 g Schokoladenspäne |

**So wird's gemacht:**
**1.** Den Backofen auf 190°C vorheizen. Die Eier und den Zucker cremig rühren.
**2.** Die Schokolade in kleine Stücke brechen und zusammen mit 2 Eßlöffeln Wasser im Wasserbad schmelzen.
**3.** In der Zwischenzeit die Butter schmelzen und wieder leicht abkühlen lassen.
**4.** Die Butter, die aufgelöste Schokolade und das Kirschwasser zur Eiermasse geben.
**5.** Das Mehl, das Backpulver, das Salz und die Weizenstärke mischen. Die Nüsse in einer trockenen Bratpfanne hellbraun rösten.
**6.** Das Mehlgemisch sieben und zusammen mit den Nüssen unter die Eimasse ziehen.
**7.** Einen Springformboden mit Backpapier auskleiden. Den Teig hineingeben und den Tortenboden etwa ¾ Stunden backen.
**8.** Den Tortenboden auskühlen lassen, dann zweimal quer durchschneiden.
**9.** Die Sahne zusammen mit dem Vanillezucker steifschlagen. Die Kirschen abtropfen lassen.
**10.** Die Tortenschichten mit dem Kirschwasser tränken und die zwei unteren Schichten etwa 1 cm hoch mit der Sahne bestreichen.
**11.** Die Kirschen auf der Sahne verteilen und leicht andrücken. Die Schichten aufeinandersetzen.
**12.** Die Oberfläche und den Rand mit der restlichen Sahne und den Schokoladenspänen verzieren.
(Ergibt 12 Stück)

### Tip
Man kann auch etwas Sahnesteif oder ein wenig aufgelöste kalte Gelatine unter die Sahne rühren, damit die Füllung länger steif bleibt.

## Orangentorte

Zubereitungszeit: ca. 1 Stunde
Backzeit: ca. ½ Stunde
Kühlzeit: ca. 3 Stunden

**Sie benötigen für eine Springform von 24 cm ø:**

Für die Masse:

50 g Butter
5 Eier
170 g Zucker
1 Prise Salz
85 g Weizenmehl (Type 405)
85 g Kartoffelstärke
1 TL abgeriebene Schale von einer unbehandelten Zitrone

Für die Füllung:

8 Blätter Gelatine
700 g Vanillefüllcreme
(siehe Seite 135)
500 g süße Sahne

Zum Beträufeln:

Saft von 2 Orangen
4 EL Orangenlikör

Zum Garnieren:

100 g Mandelblättchen
12 Schokoladenornamente
nach Belieben

**So wird's gemacht:**

**1.** Den Backofen auf 200°C vorheizen. Die Butter schmelzen und wieder leicht abkühlen lassen.
**2.** Die Eier, den Zucker und das Salz so lange schlagen, bis eine weißliche Creme entstanden ist.
**3.** Das Mehl und die Kartoffelstärke darübersieben und unter die Masse ziehen.
**4.** Die Zitronenschale und die flüssige Butter dazugeben. Einen Springformboden mit Backpapier bespannen und die Form zusammensetzen.
**5.** Die Masse in die Form füllen und sie etwa 10 Minuten backen, dann die Hitze auf 180°C reduzieren und den Tortenboden in etwa 20 Minuten fertigbacken. Stäbchenprobe machen (siehe Seite 122). Es darf nichts mehr daran kleben, sonst den Boden weitere 5 bis 10 Minuten backen. Ihn anschließend herausnehmen und auskühlen lassen.
**6.** In der Zwischenzeit die Gelatine in wenig kaltem Wasser einweichen. In der Zwischenzeit die Vanillefüllcreme zubereiten.
**7.** Die Gelatine ausdrücken und in die noch warme Creme rühren. Dann die Creme erkalten lassen.
**8.** Bevor sie dick wird, die Sahne steifschlagen und sorgfältig darunterziehen.
**9.** Den erkalteten Biskuitboden in drei gleichmäßig dicke Schichten schneiden.
**10.** Die unterste Schicht auf eine Platte legen. Den Rand der Springform mit Klarsichtfolie überziehen und wieder um den Teigboden setzen, den Rand schließen.
**11.** Den Orangensaft und den Orangenlikör mischen und die Böden damit beträufeln. Die zwei unteren Böden mit zwei Vierteln der Creme bestreichen, sie anschließend vorsichtig zusammensetzen und ganz zum Schluß den obersten Boden sehr behutsam darauf legen.
**12.** Zum Schluß die Torte mit einem weiteren Viertel der Creme bestreichen. Sie in den Kühlschrank stellen und die Vanillecreme in 2 bis 3 Stunden fest werden lassen.
**13.** Die Mandelblättchen in einer trockenen Pfanne nicht zu braun rösten. Den Springformrand entfernen, den Tortenrand mit der restlichen Creme bestreichen. Die Mandeln mit der Hand an den Tortenrand drücken, die Oberfläche mit den Schokoladenornamenten garnieren.
(Ergibt 12 Stück)

## Schokoladenroulade

Zubereitungszeit: ca. 1 Stunde
Backzeit: ca. 12 Minuten
Ruhezeit: ca. 2 Stunden

**Sie benötigen für ein Backblech von etwa 36 x 40 cm:**

**Für die Masse:**
80 g Zartbitter-Schokolade
8 Eiweiß
150 g Zucker
60 g Weizenmehl (Type 405)
40 g Kakaopulver

**Für die Füllung:**
60 g Zucker
50 g weiße Schokolade
130 g weiche Butter
2 Eier

**Außerdem:**
Kakaopulver zum Bestäuben

**So wird's gemacht:**

**1.** Die Schokolade in kleine Stücke brechen und im Wasserbad schmelzen. Die Schokolade lauwarm halten. Den Backofen auf 200°C vorheizen.

**2.** Die Eiweiße leicht schlagen, den Zucker dazugeben und so lange weiterschlagen, bis sich der Zucker aufgelöst hat und der Eischnee steife Spitzen bildet.

**3.** Die lauwarme Schokolade vorsichtig unter den Eischnee mischen.

**4.** Das Mehl zusammen mit dem Kakao über den Eischnee sieben und vorsichtig mit dem Gummispachtel darunterheben.

**5.** Ein Backblech mit Backpapier auslegen. Die Rouladenmasse in einen Spritzbeutel mit großer Sterntülle füllen und gleichmäßige, lange Stränge, die dicht aneinander liegen, auf das Blech spritzen.

**6.** Die Rouladenmasse etwa 12 Minuten backen (nach 8 Minuten Backzeit nachsehen, wie weit sie gebacken ist). Die Schokoladenroulade aus dem Ofen nehmen, auf dem Blech etwa 8 Minuten abkühlen lassen.
**7.** Die Roulade auf Backpapier stürzen und nach dem Auskühlen das Papier abziehen.
**8.** Für die Füllung die Hälfte des Zuckers mit 2½ Eßlöffeln Wasser aufkochen.
**9.** Die Schokolade in kleine Stücke brechen und im Wasserbad schmelzen.
**10.** Die Butter schaumig rühren. Die lauwarme Schokolade langsam unter die Butter mischen.
**11.** Die Eier trennen. Die Eigelbe mit dem Zuckerwasser im heißen Wasserbad aufschlagen. Sie anschließend kaltschlagen und unter die Butter-Schokoladen-Masse rühren.
**12.** Die Eiweiße leicht schlagen. Den restlichen Zucker langsam einrieseln lassen und weiterschlagen, bis sich der Zucker aufgelöst hat und beim Herausziehen am Schneebesen steife Spitzen stehen bleiben.
**13.** Den Eischnee unter die Buttercreme ziehen. Die Creme gleichmäßig auf die Schokoladenroulade verteilen und verstreichen. An der Längsseite, die den Abschluß bildet, etwa 3 cm frei lassen.
**14.** Die Roulade mit Hilfe des Backpapiers zusammenrollen, fest darin einwickeln und für etwa 2 Stunden kalt stellen.
**15.** Die Roulade vor dem Aufschneiden dick mit Kakaopulver bestäuben.
(Ergibt 10 Stück)

### *Variation*
Die Roulade kann auch mit Buttercremerosetten, Marzipanblättern, Marzipanrosen oder Marzipanfrüchten garniert werden.

### *Tip*
Die Schokoladencreme ist eine Buttercreme mit Baisermasse. Sie kann auch mit dunkler Schokolade zubereitet werden, und man kann sie zum Füllen von Tortenböden verwenden.

## Florentiner Torte

Zubereitungszeit: ca. 1 Stunde
Backzeit: ca. 1 Stunde

**Sie benötigen für eine Torte von 20 cm ø:**

**Für die Baiserböden:**

| 3 Eiweiß |
| 200 g Puderzucker |
| 1 TL Essig |

**Für die Mokkabuttercreme:**

| 2 EL Weizenstärke |
| 150 ml Espresso (ca. 1 Tasse) |
| 100 g Puderzucker |
| 100 g weiche Butter |

**Für den Krokant:**

| 50 g Zucker |
| 40 g Butter |
| 100 g gehackte Mandeln |

**Außerdem:**

| 300 g süße Sahne |

**So wird's gemacht:**

**1.** Den Backofen auf 100°C vorheizen. Die Eiweiße leicht aufschlagen. Die Hälfte des Puderzuckers unter kräftigem Weiterschlagen löffelweise dazugeben, dann den Essig darunterschlagen.

**2.** Den restlichen Puderzucker rasch und locker unter den Eischnee mischen.

**3.** Von der Masse drei Böden (mit je 20 cm ø) auf gefettetes Backpapier streichen und sie sofort etwa 2 Stunden bei 100°C trocknen lassen, dann den Ofen abschalten und die Böden noch 1 Stunde im Ofen lassen.

**4.** Für die Mokkacreme die Weizenstärke mit dem lauwarmen Kaffee verrühren und zusammen mit 50 g Zucker aufkochen. Die Creme mit dem restlichen Zucker bestreuen und sie erkalten lassen.

**5.** Die weiche Butter schaumig rühren und die Creme löffelweise dazugeben.

**6.** Für den Krokant den Zucker hellbraun karamelisieren lassen, die Butter dazugeben und zusammen mit den Mandeln bei geringer Hitze so lange rösten, bis der Krokant anfängt zu duften. Ihn auf einem Teller auskühlen lassen, dann zerkleinern.

**7.** Die Sahne steifschlagen.

**8.** Den ersten Baiserboden mit der Hälfte der Mokkacreme bestreichen und ein Drittel der Sahne darüber verteilen. Darauf ein Drittel des Krokants streuen. Den zweiten Baiserboden darauf legen und wie den ersten mit Creme und Schlagsahne bestreichen und mit Krokant bestreuen. Den dritten Boden darauf setzen, ihn mit Schlagsahne bestreichen und mit dem restlichen Krokant bestreuen.
(Ergibt 12 Stück)

## Tips

● Die Baiserböden vorbacken und tiefkühlen, das spart Zeit.
● Für diesen Krokant geschälte Mandeln verwenden.

## Kürbistorte

Zubereitungszeit: ca. 1 Stunde
Backzeit: ca. 50 Minuten

**Sie benötigen für eine Springform von 24 cm ø:**

**Für den Teig:**
| |
|---|
| 200 g Zucker |
| 4 Eier |
| 2 Prisen Salz |
| Saft und Schale von ½ unbehandelten Zitrone |
| 1 Prise Zimtpulver |
| 1 Prise Kardamompulver |
| 200 g Kürbisfleisch |
| 120 g geschälte, geriebene Mandeln |
| 100 g Weizenmehl (Type 405) |
| 1 TL Backpulver |

**Für die Glasur:**
| |
|---|
| 200 g Puderzucker |
| 1 EL Kirschwasser |
| 2 EL gesiebter Zitronensaft |

**Zum Garnieren:**
| |
|---|
| 1 Scheibe Kürbis (ca. ½ cm dick) |
| 1 EL Zucker |
| 1 EL Zitronensaft |

**So wird's gemacht:**

**1.** Den Backofen auf 180°C vorheizen. Den Zucker, die Eier und das Salz zu einer dicken, schaumigen Creme schlagen. Die Gewürze, den Zitronensaft und die -schale darunterrühren.

**2.** Den Kürbis auf einer Rohkostreibe grob raspeln. Den Kürbis und die Mandeln unter den Eischaum mischen.

**3.** Das Mehl zusammen mit dem Backpulver sieben und locker unter die Masse rühren.

**4.** Einen Springformboden mit Backpapier bespannen. Die Form zusammensetzen und die Masse hineinfüllen.

**5.** Die Torte auf der untersten Schiene etwa 50 Minuten backen.

**6.** Die Torte noch heiß glasieren. Dazu den Puderzucker mit dem Kirschwasser, dem Zitronensaft und 2 bis 3 Eßlöffeln Wasser verrühren, bis eine dickflüssige Glasur entstanden ist. Die Torte damit überziehen.

**7.** Aus dem Kürbis mit Plätzchenausstechern Figuren ausstechen und sie in wenig Wasser zusammen mit dem Zucker und dem Zitronensaft weich kochen. Je nach Festigkeit des Kürbis kann dies bis zu ½ Stunde dauern.

**8.** Die Kürbisfiguren auskühlen lassen und die Torte damit garnieren.
(Ergibt 16 Stück)

### Tips
- Den Rand eventuell mit 100 g goldgelb gerösteten Mandelblättchen belegen.
- Nur aprikotiert schmeckt die Torte ebenso gut und liefert weniger Kalorien.
- Die Torte hält sich in Folie verpackt 2 bis 3 Tage.
- Wer mag, kann die Torte auch mit einem Spiralmuster verzieren. Dazu etwas Spritzschokolade oder Aprikotur in feinen Kreisen auf die noch flüssige Puderzuckerglasur spritzen. Dann mit einer Palette von der Mitte bis zum Rand durch die Glasur ziehen.

## Traubentorte

Zubereitungszeit: ca. 1 Stunde
Kühlzeit: ca. 1 Stunde
Backzeit: ca. ½ Stunde

**Sie benötigen für eine Springform von 24 cm ⌀:**

**Für den Teig:**
80 g Butter
80 g Zucker
1 Ei
1 Prise Salz
150 g Weizenmehl (Type 405)

**Für die Mandelcreme:**
40 g weiche Butter
40 g Zucker
1 Ei
40 g geschälte, geriebene Mandeln
1 TL Weizenmehl (Type 405)

**Für den Guß:**
100 ml roten Traubensaft
40 g Zucker
2 EL Weizenmehl (Type 405)
500 g süße Sahne
Saft von ½ Zitrone

**Für den Belag:**
400 g weiße Traubenbeeren

**So wird's gemacht:**
**1.** Butter, Zucker, Ei, Salz und Mehl wie beim Mürbeteig beschrieben zu einem glatten Teig verkneten (siehe Seite 124) und kühl stellen.
**2.** Einen Springformboden mit Backpapier bespannen. Die Form zusammensetzen. Den Teig ausrollen, in die Form legen und einen 2 bis 3 cm hohen Rand hochziehen. Den Boden mit einer Gabel mehrmals einstechen.
**3.** Den Backofen auf 200°C vorheizen. In der Zwischenzeit für die Mandelcreme die Butter, den Zucker und das Ei schaumig rühren, die Mandeln und das Mehl daruntermischen. Diese Creme auf dem Teigboden verteilen.
**4.** Für den Guß alle Zutaten miteinander verrühren. Die Traubenbeeren waschen, auf den Boden legen und den Guß darübergießen.
**5.** Die Torte auf der zweiten Schiene von unten etwa ½ Stunde backen.
(Ergibt 12 Stück)
(Auf dem Foto: oben)

### Tips
● Schlagsahne dazu servieren.
● Die Torte schmeckt auch lauwarm sehr gut.

## Johannisbeer-Quark-Torte

Zubereitungszeit: ca. 40 Minuten
Kühlzeit: ca. 4 Stunden

**Sie benötigen für eine Springform von 22 cm ⌀:**

**Für den Boden:**
100 g Butterkekse oder schwach gesalzene Crackers
2 EL geriebene Walnüsse
4 EL Johannisbeerkonfitüre
je 1 TL Butter und Puderzucker für die Form

**Für den Belag:**
8 Blätter Gelatine
500 g Johannisbeeren
4 Eier, 150 g Zucker
700 g Sahnequark
60 ml Zitronensaft
1 Prise Salz

**Zum Garnieren:**
etwas Sahne, einige Beeren und Nüsse

**So wird's gemacht:**
**1.** Die Kekse oder Crackers zerbröckeln und mit den Nüssen und der Konfitüre gut mischen.
**2.** Den Springformrand mit Butter bestreichen, mit Puderzucker bestäuben und auf eine Tortenplatte stellen. Die Bröselmasse gleichmäßig darin verteilen, festdrücken und glattstreichen.
**3.** Die Gelatine in kaltem Wasser einweichen. Die Johannisbeeren verlesen und waschen. 200 g Beeren zusammen mit 2 Eßlöffeln Wasser kurz aufkochen und durch ein Sieb streichen.
**4.** Die Eier trennen. Die Eigelbe zusammen mit der Hälfte des Zuckers zu einer dicken Creme aufschlagen. Den Quark, den Zitronensaft und das Salz dazumischen.
**5.** Die Gelatine ausdrücken und im noch heißen Johannisbeersaft auflösen. Den Saft dann zur Quarkcreme geben.
**6.** Die Eiweiße zusammen mit dem restlichen Zucker sehr steif schlagen und unter die abgekühlte Quark-Ei-Masse ziehen.
**7.** Die restlichen Johannisbeeren unter die Füllung mischen und diese auf den Bröselboden gießen.
**8.** Die Torte im Kühlschrank in 4 Stunden fest werden lassen.
**9.** Den Springformrand entfernen. Die Torte nach Belieben garnieren.
(Ergibt 12 Stück)
(Auf dem Foto: unten)

### Tips
● Die Johannisbeeren lassen sich durch andere Beeren (z.B. Himbeeren oder Brombeeren) ersetzen.
● Man kann die Torte mit gerösteten Mandelsplittern garnieren.

### Varianten für den Boden
● 100 g Biskuits mit 50 g geschmolzener Butter mischen.
● 100 g feine, geröstete Haferflocken oder Corn-flakes mit 40 g geschmolzener Schokolade, ½ Eßlöffel Honig oder Ahornsirup und 40 g Butter mischen.

## Mandeltorte mit Cremefüllung

Zubereitungszeit: ca. 1 Stunde
Kühlzeit: ca. 12 Stunden
Backzeit: ca. ¼ Stunde

**Sie benötigen für eine Springform von 20 cm ø:**

**Für den Teig:**
| |
|---|
| 60 g Butter |
| 120 g Weizenmehl (Type 405) |
| 2 EL Zucker |
| 1 Prise Salz |
| 30 g geschälte, geriebene Mandeln |
| 1 Eigelb |
| ¼ TL Vanillezucker |

**Für die Creme:**
| |
|---|
| 6 Blätter Gelatine |
| 650 ml Milch |
| 1 Vanilleschote |
| 4 Eigelb |
| 100 g Zucker |
| 75 g dunkle Schokolade |
| 200 g süße Sahne |
| 2 EL Kirschwasser |

**Außerdem:**
| |
|---|
| Mehl zum Ausrollen |
| 3 EL Erdbeerkonfitüre |

**So wird's gemacht:**
**1.** Die Butter in kleine Stücke schneiden. Das Mehl sieben. Butter, Mehl, Zucker, Salz und Mandeln mischen. Das Eigelb und den Vanillezucker hinzufügen und alles rasch zu einem glatten Teig verarbeiten. Ihn in Alufolie eingepackt etwa 2 Stunden im Kühlschrank ruhen lassen.
**2.** In der Zwischenzeit die Gelatine in kaltem Wasser einweichen. Die Milch zusammen mit der aufgeschlitzten Vanilleschote aufkochen, vom Feuer nehmen und 10 Minuten ziehen lassen.
**3.** Die Eigelbe und den Zucker so lange schlagen, bis eine weißliche Creme entsteht. Die heiße Milch unter Rühren unter die Eicreme

mischen. Die Masse wieder auf den Herd stellen und unter Rühren bis kurz vorm Kochen erhitzen, dann sofort vom Herd nehmen. Die Vanilleschote entfernen.
**4.** Die Schokolade grob raspeln. Die Gelatine gut ausdrücken, die Blätter einzeln in die warme Creme rühren. Die Creme durch ein feines Sieb streichen, abkühlen lassen, bis sie beginnt festzuwerden.
**5.** Die Sahne steif schlagen und zwei Drittel davon zusammen mit der Schokolade und dem Kirschwasser unter die Eicreme ziehen.
**6.** Die Springform mit Klarsichtfolie auskleiden. Die Masse hineinfüllen und im Kühlschrank fest werden lassen.
**7.** Den Backofen auf 180°C vorheizen. Den Teig auf einer mit Mehl bestäubten Arbeitsfläche 3 mm dick ausrollen. Einen zweiten Springformboden mit Backpapier belegen und den Teig darauf legen. Ihn sehr dicht mit einer Gabel einstechen. Keinen Rand formen, sondern den überstehenden Teig abschneiden.
**8.** Die Teigreste nochmals ausrollen und acht kleine Plätzchen von 4 cm ø und ein Plätzchen von etwa 5 cm ø ausstechen. Sie auf ein kleines Blech legen. Den Teigboden ¼ Stunde und die Plätzchen 10 Minuten backen. Der Teig darf nur leicht braun werden.
**9.** Den Teigboden nach dem Erkalten mit der Konfitüre bestreichen. Mit der bestrichenen Seite nach unten auf die festgewordene Füllung legen.
**10.** Die Torte mitsamt der Folie aus der Form heben und sie auf eine Kuchenplatte stürzen. Die Folie sorgfältig abziehen. Die Teigplätzchen in gleichmäßigen Abständen auf der Torte anordnen. Das größere Plätzchen in die Mitte legen.
**11.** Die Plätzchen mit der restlichen Sahne garnieren. Die Torte bis zum Servieren kühl stellen.
(Ergibt 8 Stück)
(Auf dem Foto: oben)

## Gewürzte Mandeltorte

Zubereitungszeit: ca. 50 Minuten
Kühlzeit: ca. 1 Stunde
Backzeit: ca. 50 Minuten

**Sie benötigen für eine Springform von 26 cm ø:**

**Für den Teig:**
| |
|---|
| 225 g Butter |
| 300 g Zucker |
| 1 großes oder zwei kleine Eier |
| 1 Prise Salz |
| 1 TL Lebkuchengewürz |
| 300 g Weizenmehl (Type 405) |
| ½ Tütchen Backpulver |
| 300 g geschälte, geriebene Mandeln |

**Für die Füllung:**
| |
|---|
| 250 g geschälte Mandeln |
| 300 g Zucker |
| 250 g süße Sahne |
| 50 g feingehacktes Orangeat |

**Außerdem:**
| |
|---|
| Mehl zum Ausrollen |
| 50 g Mandeln |

**So wird's gemacht:**
**1.** Die Butter und den Zucker schaumig rühren. Eier, Salz und das Lebkuchengewürz darunterrühren.
**2.** Das Mehl, das Backpulver und die Mandeln mischen, zur Butter-Ei-Masse geben und alles zu einem Teig verarbeiten. Ihn etwa 1 Stunde kühl stellen.
**3.** Für die Füllung die Mandeln grob hacken. Den Zucker braun rösten und die Mandeln dazugeben. Die Sahne dazugießen und alles bei geringer Hitzezufuhr kochen lassen, bis sich der Zucker gut aufgelöst und mit den anderen Zutaten vermischt hat. Zum Schluß das Orangeat hinzufügen.
**4.** Den Backofen auf 160°C vorheizen. Die Springform mit Backpapier auslegen. Ein Drittel des Teiges auf einer mit Mehl bestäubten Arbeitsplatte ausrollen und den Boden der Springform damit belegen. Aus einem weiteren Drittel Teig eine Rolle formen und sie am Rand andrücken. Den Boden mit einer Gabel einstechen und die Mandelfüllung darauf verteilen.
**5.** Den restlichen Teig ausrollen, einen runden Deckel ausschneiden und ihn sorgfältig auf die Füllung legen, den Rand gut andrücken. Die Torte mit den Mandeln hübsch garnieren.
**6.** Die Torte 45 bis 50 Minuten backen.
(Ergibt 16 Stück)
(Auf dem Foto: unten)

### Tips
● Anstelle der Mandeln kann man beliebige Formen aus Teigresten ausstechen und die Torte damit garnieren.
● Die Torte nach Belieben nach dem Backen mit einer einfachen Zitronenglasur aus Zitronensaft und Puderzucker oder einer Schokoladenglasur (siehe Seite 64 Torte nach Prinzregentenart) bestreichen. Dann erst mit den Mandeln garnieren.

# Orangen-Schokoladen-Torte

Zubereitungszeit: ca. 1¼ Stunden
Backzeit: ca. ½ Stunde
Kühlzeit: ca. 2 Stunden

**Sie benötigen für eine Springform von 24 cm ø:**
1 Schokoladenbiskuitboden von 24 cm ø (siehe Seite 131)

**Für die Füllung:**
2 TL abgeriebene Schale von einer unbehandelten Orange
200 ml frischen Orangensaft
6 Blätter Gelatine
4 Eigelb
60 g Zucker
¼ l Milch
5 cl Orangenlikör
250 g süße Sahne

**Zum Verzieren:**
Kakaopulver
100 g Zartbitter-Schokolade

**So wird's gemacht:**
1. Den Schokoladenbiskuitboden zubereiten und backen. Anschließend auskühlen lassen und in drei gleich dicke Scheiben schneiden.
2. Die Orangenschale zu dem Orangensaft geben und die Flüssigkeit auf die Hälfte einkochen lassen.
3. Die Gelatine in kaltem Wasser einweichen. Die Eigelbe und den Zucker cremig rühren. Den Orangensaft langsam unterrühren.
4. Die Milch aufkochen lassen und langsam unter die cremige Eigelbmasse rühren.
5. Die Ei-Milch-Masse zurück in den Topf gießen und so lange erhitzen, bis die Eigelbe binden. Dabei ständig mit einem Holzlöffel rühren. Die Eiermilch darf auf keinen Fall kochen.
6. Die Gelatine ausdrücken, die Blätter einzeln in die heiße Eicreme rühren. Den Orangenlikör hinzufügen und alles kaltrühren.
7. Die Sahne steif schlagen. Wenn die Creme zu stocken beginnt, die Sahne löffelweise dazugeben. Das erste Drittel Sahne mit einem Schneebesen unterrühren, die restliche Sahne mit einem Gummispachtel unterheben.
8. Eine Biskuitscheibe auf eine Tortenscheibe oder -platte legen. Einen passenden Springformrand darum herumlegen. Ein Drittel der Orangencreme auf dem Boden verteilen und glattstreichen. Die mittlere Biskuitscheibe darauf legen, sie fest andrücken und mit einem Drittel der Creme bestreichen. Die obere Biskuitscheibe darauf legen. Die Torte leicht pressen und kalt stellen, bis die Creme fest ist.
9. Den Springformrand entfernen. Die Torte mit der restlichen Orangencreme einstreichen und sie wieder kalt stellen.
10. Aus Papier eine Schablone mit beliebigen Mustern ausschneiden, sie soll so groß wie die Torte sein. Die Schablone auf die Torte legen und das Kakaopulver darübersieben. Die Schablone vorsichtig entfernen.
11. Die Schokolade fein raspeln und die Raspel an den Tortenrand drücken.
(Ergibt 12 Stück)
(Auf dem Foto: links)

## Sabayontorte

Zubereitungszeit: ca. 1¼ Stunden
Backzeit: ca. ½ Stunde
Ruhezeit: ca. 1 Stunde

**Sie benötigen für eine Springform von 24 cm ø:**
1 Biskuitboden von 24 cm ø
(siehe Seite 128)

**Für die Füllung:**
5 Blätter Gelatine
6 Eigelb
150 g Zucker
Saft von 1 Zitrone
¼ l Marsala
200 g süße Sahne

**Für die Garnitur:**
4 EL Mandelblättchen
150 g süße Sahne
12 blaue Traubenbeeren
3 kandierte Kirschen
12 Pfefferminzblätter

**So wird's gemacht:**
1. Den Biskuitboden zubereiten und backen. Aus der Form nehmen, auskühlen lassen und in drei gleich dicke Scheiben schneiden.
2. Die Gelatine in kaltem Wasser quellen lassen.
3. Die Eigelbe zusammen mit dem Zucker cremig rühren. Den Zitronensaft und den Marsala dazugeben.
4. Die Creme im heißen Wasserbad (das Wasser darf nicht kochen) aufschlagen, bis sie sämig und gebunden ist. Die Eier dürfen nicht mehr roh schmecken.
5. Die Creme aus dem Wasserbad nehmen und kaltschlagen.
6. Die Gelatine ausdrücken und im warmen Wasserbad auflösen, dann sorgfältig unter die Weincreme mischen.
7. Die Sahne steifschlagen und löffelweise unter die Marsalacreme ziehen.
8. Die untere Biskuitscheibe auf eine Tortenscheibe oder -platte legen. Einen passenden Springformrand darumlegen, ein Drittel der Creme darauf verteilen. Die mittlere Biskuitscheibe auf die Creme legen, andrücken und sie mit einem weiteren Drittel der Creme bestreichen. Die obere Biskuitscheibe darauf legen, die restliche Creme darauf verstreichen.
9. Die Torte für etwa 1 Stunde kühl stellen.
10. Danach den Tortenring entfernen. Die Mandelblättchen in einer trockenen Pfanne rösten. Die Sahne für die Garnitur steifschlagen. Mit etwa einem Drittel der Sahne den Tortenrand bestreichen und die Mandeln andrücken.
11. Mit einer Sterntülle zwölf Sahnerosetten auf die Torte spritzen.
12. Die Traubenbeeren waschen und über Kreuz einschneiden. Die Kirschen vierteln und in jede Beere ein Stück Kirsche geben. Die gefüllten Traubenbeeren auf die Sahnerosetten setzen und sie mit den Pfefferminzblättern garnieren.
(Ergibt 12 Stück)
(Auf dem Foto: rechts)

# Leichte Birnencharlotte

Zubereitungszeit: ca. 1 Stunde
Backzeit: ca. 20 Minuten
Ruhezeit: ca. 4 Stunden

**Sie benötigen für eine Springform von 18 cm ø:**

**Für die Biskuitmasse:**

| |
|---|
| 2 Eier |
| 5 EL Zucker |
| 35 g Weizenmehl (Type 405) |
| 35 g Weizenstärke |
| 1 TL abgeriebene Schale von einer unbehandelten Zitrone |
| 1 Prise Salz |
| 50 g Butter |
| 20 g Kakaopulver |

**Für die Füllung:**

| |
|---|
| 1 kg Birnen |
| 1 EL Zitronensaft |
| 1 EL Puderzucker |
| 100 ml Rotwein |
| ¼ l Apfelsaft |
| 6 Blätter Gelatine |
| ¼ l Milch |
| 1 Vanilleschote |
| 4 Eigelb |
| 100 g Zucker |
| 200 g süße Sahne |
| 200 g Naturjoghurt |

**So wird's gemacht:**
1. Den Backofen auf 180°C vorheizen. Für den Biskuit die Eier und den Zucker so lange schaumig schlagen, bis eine feste Creme entstanden ist.
2. Das Mehl zusammen mit der Weizenstärke über die Eiercreme sieben und vorsichtig unterziehen. Die Zitronenschale und das Salz dazugeben.
3. Die Butter schmelzen, leicht abkühlen lassen und unter die Masse rühren.
4. Die Hälfte des Teiges in eine andere Schüssel geben und das Kakaopulver daruntermischen.
5. Ein Backblech mit Backpapier belegen. Die beiden Teigmassen getrennt darauf streichen. Das Biskuit auf der mittleren Schiene etwa 20 Minuten backen.
6. Das Blech mit dem Biskuit auf Backpapier stürzen und mit dem Blech bedeckt erkalten lassen.
7. In der Zwischenzeit die Birnen waschen, schälen, halbieren, die Kerngehäuse entfernen und die Birnenhälften mit Zitronensaft einreiben. Eine der Birnen in schöne Schnitze schneiden und sie zusammen mit dem Puderzucker in Rotwein etwa 10 Minuten köcheln lassen. Die Birnenschnitze herausnehmen und die Flüssigkeit einkochen lassen. Sie sollte eine sirupartige Konsistenz haben.
8. Die restlichen Birnenhälften im Apfelsaft weichkochen und im Mixer pürieren. Die Gelatine in kaltem Wasser einweichen.
9. Für die Creme die Milch zusammen mit der aufgeschlitzten Vanilleschote aufkochen.
10. Die Eigelbe und den Zucker zu einer dicklichen, weißen Creme aufschlagen. Die Milch zur Eiercreme rühren und die Masse unter stetem Rühren erhitzen, bis das Eigelb die Creme bindet. Sie darf aber keinesfalls kochen.
11. Die Gelatine ausdrücken und die Blätter einzeln unter die Creme rühren.
12. Die pürierten Birnen daruntermischen und die Creme kühl stellen. Die Sahne steifschlagen und mit dem Joghurt mischen.
13. Das Backpapier abziehen und die Biskuitmasse in etwa 4 cm breite und 7 cm hohe Rauten schneiden.
14. Den Rand und den Boden einer Springform mit Klarsichtfolie überziehen und den Rand mit den hellen und den dunklen Biskuitstücken so auslegen, daß keine Zwischenräume entstehen. Dabei die Hälfte der Rauten halbieren.
15. Wenn die Creme fest zu werden beginnt, die Joghurtsahne darunterziehen und die Masse in die Springform füllen. Die Torte für etwa 4 Stunden in den Kühlschrank stellen.
16. Nach dem Erkalten die Torte vorsichtig stürzen. Die Folie abziehen und die Oberfläche mit den Rotweinbirnen garnieren.
(Ergibt 12 Stück)

## Tips
● Die Charlotte mit einem heißen Messer in Stücke schneiden.
● Wer mag, kann Schlagsahne dazu reichen.

# Torte nach Prinzregentenart

Zubereitungszeit: ca. 1½ Stunden
Backzeit: ca. 50 Minuten
Kühlzeit: ca. 12 Stunden

**Sie benötigen für eine Springform von 22 cm ø:**

**Für die Tortenböden:**

| |
|---|
| 200 g Butter |
| 200 g Zucker |
| 3 Eier |
| 1 Prise Salz |
| 150 g Weizenmehl (Type 405) |
| 50 g Weizenstärke |
| 1 TL Backpulver |
| Butter und Mehl für die Form |

**Für die Füllung:**

| |
|---|
| 40 g Weizenstärke |
| 400 ml Milch |
| 80 g Zucker |
| 100 g dunkle Schokolade |
| 1 EL Zucker zum Bestreuen |
| 100 g weiche Butter |

**Zum Überziehen:**

| |
|---|
| 150 g dunkle Schokolade |
| 100 g süße Sahne |

**Zum Dekorieren:**

| |
|---|
| einige Silberkügelchen |
| aus Schokolade |

**So wird's gemacht:**
**1.** Den Backofen auf 180°C vorheizen. Die Butter, den Zucker, die Eier und Salz schaumig rühren. Das Mehl, die Stärke und das Backpulver mischen und darübersieben. Alles verrühren.
**2.** Aus der Masse fünf Böden von 22 cm ø backen. Dazu jeweils 2 Eßlöffel auf einen gefetteten und bemehlten Springformboden streichen und in 3 bis 5 Minuten hellgelb backen.
**3.** Für die Füllung die Weizenstärke mit 4 Eßlöffeln Milch verrühren. Die restliche Milch, den Zucker und die Schokolade zusammen aufkochen und die angerührte Stärke dazurühren. Die Creme aufkochen lassen. Sie in eine Schüssel füllen, mit 1 Eßlöffel Zucker bestreuen und erkalten lassen.
**4.** Die Butter schaumig rühren und löffelweise unter die Hälfte der Creme mischen.
**5.** Von der Creme 3 bis 4 Eßlöffel für die Garnitur in einen Spritzsack mit Sterntülle füllen und dann kalt stellen.
**6.** Vier Böden mit je einem Viertel der Creme bestreichen und sie aufeinandersetzen. Den fünften Boden mit der glatten Seite nach oben darauf legen. Die Torte in Alufolie einpacken, mit einer Platte beschweren und im Kühlschrank über Nacht fest werden lassen. Die Creme ebenfalls kühl stellen.
**7.** Mit einem scharfen Messerchen den Rand exakt egalisieren (glatt und gleichmäßig schneiden).
**8.** Für den Überzug die Schokolade und die Sahne im Wasserbad schmelzen. Danach abkühlen lassen, so daß der Guß nur noch wenig fließt.
**9.** Die Torte mit dem Schokoladenguß überziehen. Mit einem Spatel die Tortenstücke zart markieren und mit der zurückbehaltenen Creme auf jedes Stück eine Rosette spritzen. Die Torte mit Silberkügelchen dekorieren.
(Ergibt 12 Stück)
(Auf dem Foto: oben)

## Tips
● Die Creme für den Überzug kann in der Mikrowelle (zweimal 1 Minute bei 700 W) zubereitet werden.
● Die Prinzregententorte wird im Originalrezept mit Buttercreme zubereitet, dies hier ist eine leichtere Variante.
● Zur heißen Creme eine Messerspitze Instantkaffeepulver geben, dadurch wirkt sie weniger süß.
● Nach dem Backen eines Bodens das Blech mit einem Papier abreiben, nicht waschen.

# Sachertorte

Zubereitungszeit: ca. 40 Minuten
Backzeit: ca. 1¼ Stunden

**Sie benötigen für eine Springform von 26 cm ø:**

**Für die Masse:**

| |
|---|
| 180 g dunkle Schokolade |
| 140 g Butter |
| 160 g Zucker |
| 8 Eigelb, 10 Eiweiß |
| 120 g Weizenmehl (Type 405) |

**Zum Überziehen:**

| |
|---|
| 4 EL Aprikosenkonfitüre |
| dunkle Schokoladenglasur |
| (Fertigprodukt, ca. 200 g) |

**So wird's gemacht:**
**1.** Die Schokolade in Stücke brechen und im heißen Wasserbad zusammen mit 2 bis 3 Eßlöffeln Wasser schmelzen lassen.
**2.** Den Backofen auf 180°C vorheizen. Die Butter schaumig rühren, dann den Zucker und die aufgelöste Schokolade dazugeben.
**3.** Die Eigelbe einzeln unter die Masse rühren. Die Eiweiße steif schlagen, auf die Eimasse geben. Das Mehl darübersieben und alles sorgfältig unterziehen.
**4.** Die Springform mit Backpapier bespannen und die Teigmasse einfüllen. Den Teig etwa 40 Minuten backen. Nach etwa ½ Stunde die Stäbchenprobe machen. Es darf kein Teig mehr hängen bleiben.
**5.** Die Torte herausnehmen und erkalten lassen.
**6.** Den Tortenboden an der Oberfläche glattschneiden.
**7.** Die Aprikosenkonfitüre durch ein Sieb streichen. Den Tortenboden umdrehen und mit der Konfitüre bestreichen.
**8.** Die Schokoladenglasur zubereiten und die Torte damit sorgfältig überziehen.
(Ergibt 16 Stück)
(Auf dem Foto: unten)

## Zuger Kirschtorte

Zubereitungszeit: ca. 1½ Stunden
Backzeit: ca. 1 Stunde

**Sie benötigen für eine Springform von 24 cm ø:**

**Für die Tortenböden:**
3 Eiweiß, 75 g Zucker
50 g gemahlene Mandeln
1 TL Weizenmehl (Type 405)
1 Biskuitboden (siehe Seite 40, in der Springform gebacken)

**Für die Buttercreme:**
200 g Süßrahmbutter
80 g Puderzucker
1 EL Johannisbeergelee
4 EL Kirschwasser

**Zum Tränken des Biskuits:**
⅛ l Kirschwasser
3 EL Zucker

**Außerdem:**
3 EL Kirschwasser
2 EL geschälte, geriebene Mandeln
3 EL Mandelblättchen
Puderzucker

**So wird's gemacht:**

**1.** Den Backofen auf 150 °C vorheizen. Die Eiweiße leicht schlagen, dann die Hälfte des Zuckers dazuschlagen, bis sich der Zucker aufgelöst hat und der Eischnee weiße Spitzen bildet.
**2.** Den restlichen Zucker, die Mandeln und das Mehl unter das Eiweiß heben.
**3.** Zwei Springformböden mit Backpapier bespannen. Die Baisermasse darauf streichen und in ¼ Stunde zwei hellgelbe Japonaisböden backen.
**4.** Die Böden sofort nach dem Backen auf einem Gitter auskühlen lassen.
**5.** Den Biskuitboden zubereiten, backen und auskühlen lassen.
**6.** Die Butter zusammen mit dem Zucker, dem Gelee und dem Kirschwasser schaumig rühren.
**7.** Das Kirschwasser zum Tränken der Biskuits zusammen mit 6 Eßlöffeln Wasser und dem Zucker zu einem Sirup einkochen lassen.
**8.** Den ersten Japonaisboden auf der Oberseite mit einem Drittel der Buttercreme bestreichen. Den Biskuitboden flachschneiden und mit dem Kirschsirup tränken. Ihn dann auf den Japonaisboden setzen. Mit dem Kirschwasser beträufeln. Wieder ein Drittel der Buttercreme daraufstreichen und den zweiten Japonaisboden darauf legen. Nun Oberfläche und Rand der Torte mit der restlichen Buttercreme bestreichen.
**9.** Die Mandeln in einer trockenen Bratpfanne hellgelb rösten und nach dem Erkalten auf der Tortenoberfläche verteilen. Die Mandelblättchen ebenfalls rösten, auskühlen lassen und an den Rand der Torte drücken.
**10.** Viel Puderzucker auf die Tortenoberfläche sieben. Mit einem langen Messer oder einem dünnen Draht ein Rautenmuster in den Puderzucker ritzen.
**11.** Die Torte bis zum Servieren in den Kühlschrank stellen.
(Ergibt 12 Stück)

*Tip*
In der Schweiz schneiden die Bäcker den Biskuit aus der Mitte eines dicken großen Bodens. So hat er keinen gebackenen Rand und keine feste Oberfläche und kann die Flüssigkeit viel besser aufsaugen.

## Aargauer Rüblitorte

Zubereitungszeit: ca. 40 Minuten
Backzeit: ca. 1 Stunde

**Sie benötigen für eine Springform von 26 cm ø:**

**Für den Teig:**
5 Eigelb
1 EL abgeriebene Schale einer unbehandelten Zitrone
300 g Zucker
300 g Karotten
300 g geriebene Mandeln
4 EL Weizenstärke
½ TL Zimtpulver
1 Prise Nelkenpulver
1 TL Backpulver
1 Prise Salz
2 EL Kirschwasser, Rum oder Zitronensaft
5 Eiweiß
Butter für die Form

**Zum Überziehen:**
3 EL Aprikosenkonfitüre

**Für die Glasur:**
150 g Puderzucker
½ Eiweiß
2 EL Zitronensaft, Kirschwasser oder Rum

**Zum Garnieren:**
7–9 kleine Marzipankarotten (vom Konditor)

**So wird's gemacht:**

**1.** Den Backofen auf 190°C vorheizen. Die Eigelbe zusammen mit der Zitronenschale und dem Zucker zu einer sämigen Creme aufschlagen.

**2.** Die Karotten schälen, auf der Gemüsereibe grob raspeln. Sofort zusammen mit den Mandeln unter die Eicreme ziehen.

**3.** Die Weizenstärke zusammen mit dem Zimt, dem Nelkenpulver, dem Backpulver und dem Salz daruntermischen. Das Kirschwasser, den Rum oder den Zitronensaft dazugeben.

**4.** Die Eiweiße steifschlagen und darunterheben.

**5.** Die Springform ausfetten und die Masse hineinfüllen. Sie etwa 60 Minuten backen.

**6.** Die Torte herausnehmen und leicht abkühlen lassen. Sie noch lauwarm mit der Aprikosenkonfitüre bestreichen.

**7.** Den Puderzucker, das Eiweiß und den Zitronensaft bzw. das Kirschwasser oder den Rum zu einer Glasur verrühren. Sie über die Torte gießen und die Glasur mit kreisförmigen Bewegungen verteilen. Auch die Ränder mit der Glasur überziehen.

**8.** Die Torte nach Belieben mit den Marzipankarotten verzieren.
(Ergibt 16 Stück)

*Tip*
Man kann die Glasur weglassen und die Torte nur mit Puderzucker bestreuen.

## Neapolitanische Quarktorte

Zubereitungszeit: ca. 1 Stunde
Backzeit: ca. ½ Stunde
Kühlzeit: ca. 2 Stunden

**Sie benötigen für eine Springform von 24 cm ø:**
1 Biskuittortenboden
(siehe Seite 128)

**Für die Füllung:**
3 Blätter Gelatine
600 g Sahnequark
4 EL Milch
6 EL Zucker
3 EL Marsala
50 g grobgeraspelte dunkle Schokolade
150 g gehackte, kandierte Früchte
100 g Mandelsplitter

**Für die Glasur:**
100 g Puderzucker
2–3 EL Zitronen-, Orangen- oder Mandarinensaft
1 EL Orangenlikör

**Zum Verzieren:**
kandierte Orangenscheiben
oder kandierte Früchte

**So wird's gemacht:**
1. Den Biskuitboden zubereiten, backen und erkalten lassen. Den Tortenboden auf zwei Dritteln der Höhe quer durchschneiden.
2. Die Gelatine in kaltem Wasser einweichen. Den unteren Boden leicht aushöhlen.
3. Den Sahnequark, die Milch und den Zucker verrühren.
4. Den Marsala erhitzen. Die Gelatineblätter ausdrücken und einzeln im heißen Marsala auflösen. Die Marsala-Gelatine-Masse unter den Quark rühren.
5. Den Quark mit den Schokoladenspänen und den kandierten Früchten mischen. Die Mandelsplitter in einer trockenen Pfanne rösten und unter den Quark heben.
6. Die Quarkmasse in den unteren Boden füllen und den oberen Teil des Biskuits wieder darauf setzen. Die Torte für etwa 2 Stunden kühl stellen.
7. Den Puderzucker, den Saft und den Likör gut verrühren und mit einem Pinsel die Glasur auf die Torte streichen.
8. Die Torte mit den kandierten Früchten verzieren.
(Ergibt 12 Stück)
(Auf dem Foto: oben)

## Zuccotto

Zubereitungszeit: ca. 1 Stunde
Backzeit: ca. 10 Minuten
Kühlzeit: ca. 3 Stunden

**Sie benötigen für eine Kuppelform von ca. 1 l Inhalt:**
1 Biskuitrouladen, gebacken, aber nicht gerollt (siehe Seite 131)

**Für die Füllung:**
4 EL Orangen- oder Kirschlikör
500 g Vanille-Sahneeis
500 g Mokka-Sahneeis
2 EL gehackte, kandierte Früchte
50 g geschälte, gehackte Pistazien
1 EL Kakaopulver
1 EL Cognac

**Für die Garnitur:**
1 EL Puderzucker
100 g geschälte Pistazien

**So wird's gemacht:**
1. Die Biskuitrouladenmasse zubereiten, backen und auf ein Backpapier stürzen. Dann auskühlen lassen.
2. Eine Kuppelform oder eine Schüssel, die etwa 20 cm ø hat, mit Klarsichtfolie auslegen. Sie soll über den Rand etwa 5 cm hängen.
3. In einer Ecke des abgekühlten Biskuitrechtecks mit einem Glas einen Kreis von etwa 8 cm ø ausstechen und ihn auf den Boden der Schüssel legen.
4. Aus dem restlichen Biskuit Streifen schneiden, die nach oben hin schmäler werden, und den Schüsselrand damit auslegen. Die Streifen sollen sehr eng aneinanderliegen, aber sich nicht überlappen.
5. Das Biskuit mit etwas Likör beträufeln.
6. Das Eis etwas weich werden lassen. Das Vanilleeis mit den kandierten Früchten und den gehackten Pistazien mischen. Die Eismasse in die Schüssel geben und gut andrücken.
7. Das Mokkaeis mit dem Kakaopulver und dem Cognac zu einer gleichmäßigen Masse verarbeiten und auf die Vanilleeismasse geben.
8. Alles mit den Biskuitresten bedecken, mit dem restlichen Likör beträufeln und mit der überhängenden Folie abdecken. Die Torte in der Tiefkühltruhe in etwa 3 Stunden fest werden lassen.
9. Die Torte etwa ½ Stunde vor dem Servieren aus der Tiefkühltruhe nehmen und auf eine runde Platte stürzen.
10. Unmittelbar vor dem Servieren die Folie abheben. Die Torte mit dem Puderzucker bestreuen und mit den Pistazien spicken.
(Ergibt 8 Stück)
(Auf dem Foto: unten)

### Tip
Es ist wichtig, daß der gebackene Biskuit noch feucht bleibt, damit er biegsam ist. Deshalb den Biskuit nach dem Backen mit dem Blech auf eine Folie stürzen und darunter erkalten lassen oder mit einem feuchten Tuch bedecken.

## Kiwi-Mango-Torte

Zubereitungszeit: ca. 50 Minuten
Backzeit: ca. ½ Stunde
Kühlzeit: ca. 1 Stunde

**Sie benötigen für eine Springform von 24 cm ø:**
1 Biskuittortenboden
(siehe Seite 128)

**Für den Belag:**
5 Kiwis
1 mittelgroße Mango

**Für die Füllung:**
100 g Butter
80 g Puderzucker
1 Eigelb

**Außerdem:**
1 Päckchen Tortenguß
¼ l frisch gepreßten Orangensaft
2 EL Zucker
4 EL Mandelblättchen

**So wird's gemacht:**
1. Den Tortenboden zubereiten, backen und auskühlen lassen.
2. Die Kiwis und die Mango schälen. Mit einem spitzen Messer das Fleisch der Mango vom Kern schneiden. Die Kiwis und die Mango in Scheiben schneiden. Die Abschnitte der Kiwis und 4 kleine Mangoscheiben beiseite legen.
3. Für die Füllung die Butter zusammen mit dem Puderzucker schaumig rühren und anschließend das Eigelb darunterrühren.
4. Die Kiwiabschnitte und die kleinen Mangoscheiben im Mixer pürieren. Mit zwei Dritteln der Buttercreme mischen.
5. Den Tortenboden in drei gleichdicke Scheiben schneiden. Den unteren und mittleren Boden mit zwei Dritteln der Fruchtbuttercreme bestreichen. Die Böden zusammensetzen und die oberste Scheibe darauf legen.
6. Die Kiwi- und die Mangoscheiben darauf anordnen.

**7.** Den Tortenguß nach Packungsanleitung mit dem Orangensaft und dem Zucker zubereiten und über die Früchte gießen.
**8.** Den Guß etwas abkühlen lassen. Den Tortenrand mit der restlichen Buttercreme bestreichen. Die Torte etwa 1 Stunde kalt stellen.
**9.** Die Mandelblättchen in einer trockenen Pfanne rösten und die Torte damit garnieren.
(Ergibt 12 Stück)
(Auf dem Foto: oben)

## *Italienische Amarenentorte*

Zubereitungszeit: ca. 1 Stunde
Kühlzeit: ca. 1 Stunde
Backzeit: ca. 40 Minuten

**Sie benötigen für eine Springform von 26 cm ø:**

**Für den Teig:**
250 g Weizenmehl (Type 405)
abgeriebene Schale von
½ unbehandelten Zitrone
2 TL Vanillezucker, 1 Msp. Salz
100 g Zucker
2 Eigelb
150 g Butter

**Für die Creme:**
3 Eigelb, 75 g Zucker
1 EL Weizenmehl (Type 405)
¼ l Milch

**Außerdem:**
Mehl zum Ausrollen
Butter zum Ausfetten
150 g Amaretti
150 g Amarenen ohne Saft
(in Sirup eingelegte Kirschen)

**So wird's gemacht:**
**1.** Das Mehl in eine Schüssel sieben und in die Mitte eine Vertiefung drücken. Zitronenschale, Vanillezucker, Salz, Zucker, Eigelbe und 1 Eßlöffel kaltes Wasser in die Vertiefung geben. Diese Zutaten mit wenig Mehl verrühren.
**2.** Die Butter in Stücke schneiden, auf den Mehlrand setzen und alles ganz schnell zu einem Teig verkneten. Den Teig zu einer Kugel formen und für 1 Stunde in den Kühlschrank stellen.
**3.** Für die Füllung die Eigelbe zusammen mit dem Zucker zu einer sämigen Creme schlagen. Das Mehl dazumischen. Die Milch aufkochen und langsam unter Rühren zur Eicreme geben. Die Creme wieder erhitzen, dabei ständig rühren, bis die Eigelbe binden. Die Creme darf nicht kochen. Sie in eine Schüssel gießen und erkalten lassen.
**4.** Den Backofen auf 220°C vorheizen. Den Teig auf einer mit Mehl bestäubten Arbeitsfläche etwa 4 mm dick ausrollen. Den Boden und die Wände der Springform ausfetten und den Teig hineinlegen. Ihn mehrmals mit einer Gabel einstechen. Den überstehenden Teig abschneiden.
**5.** Die Amaretti grob zerbröckeln und auf dem Teig verteilen. Mit 100 ml Amarenensaft begießen.
**6.** Die Amarenen halbieren, einige für die Garnitur beiseite legen. Die restlichen Amarenenkirschen über den Amaretti verteilen.
**7.** Die Creme darübergießen.
**8.** Aus dem restlichen Teig etwa 1 cm breite Streifen ausrädeln und diese über Kreuz auf die Creme legen. Den überstehenden Teigrand auf die Creme biegen.
**9.** Die Zwischenräume mit den Amarenen garnieren.
**10.** Die Torte etwa 40 Minuten backen. Sie soll nur hellgelb werden.
(Ergibt 16 Stück)
(Auf dem Foto: unten)

# Kleingebäck

Was wäre ein Frühstück ohne duftende Brioches, ein Ostertisch ohne Teiglämmchen und die Vorweihnachtszeit ohne Grittibänz. Dies und noch viel mehr für die Kaffeetafel zeigen die nächsten Seiten dieses Kapitels.

## Brioches

Zubereitungszeit: ca. 40 Minuten
Gehzeit: mindestens 12 Stunden
Backzeit: ca. 12 Minuten

**Sie benötigen für 10 Briocheförmchen mit 8 cm ⌀:**

| |
|---|
| 250 g Weizenmehl (Type 405) |
| 10 g Hefe |
| 3 EL lauwarme Milch |
| 2 Eier |
| 2 Eigelb |
| 20 g Zucker |
| 1 TL Salz |
| 120 g weiche Butter |
| Mehl zum Ausrollen |
| Butter zum Ausfetten |
| 1 Eigelb zum Bestreichen |

**So wird's gemacht:**

**1.** Aus den oben angegebenen Zutaten einen Hefeteig zubereiten (siehe Seite 120) und ihn kräftig durchschlagen.

**2.** Den Teig zu einer Kugel formen, in eine Schüssel legen und mit einem feuchten Küchentuch abgedeckt im Kühlschrank etwa 2 Stunden gehen lassen.

**3.** Den Teig danach kräftig durchschlagen, in eine Schüssel legen, sie mit einem feuchten Tuch bedecken und über Nacht im Kühlschrank gehen lassen.

**4.** Am nächsten Tag den Backofen auf 220°C vorheizen. Den Briocheteig zusammenschlagen und auf einer mit Mehl bestäubten Arbeitsplatte zu einer Rolle formen. Diese in zehn gleichgroße Stücke teilen.

**5.** Von jedem Teigstück ein Viertel abtrennen und alle Stücke zu Kugeln formen.

**6.** Die Briocheförmchen ausfetten. Die großen Teigkugeln in die Briocheförmchen legen und in die Mitte eine Vertiefung drücken. In diese die kleinen Kugeln setzen und sie mit dem Zeigefinger gut andrücken.

**7.** Die Brioches zugedeckt nochmals gehen lassen, bis sich ihr Volumen fast verdoppelt hat.

**8.** Das Eigelb mit einem Pinsel verrühren. Die Brioche damit einstreichen und 10 bis 12 Minuten backen.

### Tips

● Dieser Briocheteig kann auch in einer großen Form (von 1,2 l Inhalt) gebacken werden. Die Backzeit erhöht sich auf etwa 40 Minuten.
● Brioches sind ein optimales Frühstücksgebäck. Der Teig wird am Vortag zubereitet, kann dann über Nacht gehen und wird am nächsten Morgen frisch gebacken.
● Der Briocheteig ist ein Hefeteig mit kalter Führung. Durch das langsame Gehen bei niedrigen Temperaturen wird er feinporig und zart.
● Der Teig kann roh in den Förmchen eingefroren werden.

## Plunderhörnchen

Zubereitungszeit: ca. 1½ Stunden
Gehzeit: ca. 4½ Stunden
Backzeit: ca. 20 Minuten

**Sie benötigen für 12–15 Stück:**

**Für den Hefeteig:**

| |
|---|
| 500 g Weizenmehl (Type 405) |
| 40 g weiche Butter |
| 65 g Zucker |
| ½ TL Salz |
| 2 kleine Eier |
| 220 ml Milch |
| 35 g frische Hefe |

**Für die Mehlbutter:**

| |
|---|
| 275 g Butter |
| 50 g Mehl |

**Außerdem:**

| |
|---|
| Mehl zum Ausrollen |
| Butter zum Ausfetten |
| 2 Eigelb, 1 EL süße Sahne |

**So wird's gemacht:**

1. Aus den Zutaten einen Hefeteig zubereiten (siehe Seite 120).
2. Den Teig in Klarsichtfolie oder in ein feuchtes Tuch wickeln und für etwa 2½ Stunden kalt stellen.
3. Die Butter mit dem Mehl verkneten, bis sie so geschmeidig wie der Teig ist. Zu einem Rechteck (15 x 20 cm) formen.
4. Den Hefeteig etwa doppelt so groß ausrollen. Die Mehlbutter in die Mitte legen und die Teigränder mit Wasser bestreichen.
5. Die Teigränder über der Mehlbutter zusammenlegen. Sie muß ganz von Teig umgeben sein.
6. Den Teig etwa 1 cm dick ausrollen. Zwei Drittel des Teiges zusammenklappen und das andere Drittel darüber legen. Den Teig zugedeckt für etwa 25 Minuten kalt stellen.
7. Diesen Vorgang dreimal wiederholen, den Teig zwischendurch immer wieder kühlen.
8. Dann den Teig etwa 3 mm dick zu einem Rechteck von etwa 24 x 30 cm ausrollen. Das Rechteck längs halbieren.
9. Mit einem Teigrädchen aus den beiden Streifen Dreiecke von etwa 10 cm Breite schneiden. An der schmäleren Seite die Dreiecke etwa 2 cm weit einschneiden.
10. Die Teigspitze mit dem Daumen festhalten. Mit flachen Fingern die Hörnchen locker aufrollen.
11. Ein Backblech mit Butter ausfetten. Die Hörnchen hufeisenförmig biegen und auf das Blech setzen (den Teigabschluß nach unten).
12. Die Hörnchen mit einem Tuch zudecken und bei Küchentemperatur langsam gehen lassen, bis sich ihr Volumen fast verdoppelt hat.
13. Den Backofen auf 230°C vorheizen. Das Eigelb und die Sahne verrühren und die Hörnchen damit bestreichen.
14. Die Hörnchen auf der mittleren Schiene etwa ¼ Stunde backen.

## Grittibänz

Zubereitungszeit: ca. 1 Stunde
Gehzeit: ca. 1 Stunde
Backzeit: 25–40 Minuten
(je nach Größe)

**Sie benötigen für 2–4 Stücke:**
1 kg Hefeteig (siehe Seite 120)

**Zum Bestreichen:**
2 Eigelb
1 Prise Salz

**Zum Garnieren:**
Rosinen
Mandelhälften
kandierte Kirschen
Orangeat am Stück
Silberkügelchen
Schokoladenplätzchen
kleine Reisigruten

**So wird's gemacht:**
1. Den Teig zubereiten und gehen lassen.
2. Ein Stück Teig abnehmen (die Menge richtet sich nach der gewünschten Größe der Grittibänze) und zu einem länglichen Laib formen. Das obere Viertel beidseitig eindrücken, so daß ein Kopf entsteht.
3. Den Teig auf beiden Seiten mit einem Messer einschneiden, so daß man Arme herausziehen kann.
4. Das Teigstück in der unteren Hälfte senkrecht mit einem Messer teilen. Daraus werden die Beine geformt, die Spitzen werden zu Füßen gebogen.
5. Durch Einkerben oder Aufsetzen von kleinen Teigstreifen den Rockrand und den Hut markieren.
6. Mit den Rosinen die Augen und die Knöpfe markieren. Mit den Kirschen den Mund formen, mit den Orangenstreifen die Kleidung und die Nase bilden.
7. Die Grittibänze mit Silberkügelchen, Schokoladenplätzchen und kleinen Reisigruten nach Belieben dekorieren.
8. Ein Backblech mit Backpapier belegen. Grittibänze darauf legen, dabei genügend Abstand zwischen ihnen lassen.
9. Die Grittibänze etwa 10 Minuten in der warmen Küche gehen lassen, dann etwa ½ Stunde im Kühlschrank ruhen lassen.
10. Den Backofen auf 190°C vorheizen. Das Eigelb zusammen mit einer Prise Salz verquirlen und die Grittibänze zweimal damit bestreichen. Sie je nach Größe 25 bis 40 Minuten backen.

**Tip**
Der Grittibänz in der Schweiz entspricht dem Stutenmann in Deutschland. Er ist ein typisches St.-Nikolaus-Gebäck.

### Maus

Den Teig in gleichgroße Portionen teilen und mit leicht bemehlten Händen zu einem Oval formen. Das Oval an einem Ende spitz zulaufen lassen. An der spitzen Seite zwei Mandeln als Ohren, zwei Rosinen als Augen und kleingeschnittene Spaghetti als Barthaare einstecken. Der Schwanz kann durch ein Stück Kordel dargestellt werden.

### Schildkröte

Eine größere Teigkugel für den Körper und eine wesentlich kleinere Kugel für den Kopf abdrehen. Ein ganz kleiner Teigkegel bildet den Schwanz. Die Beine aus zwei Teigrollen formen, die etwa 3 cm länger als der Körper sind. Die Rollen über Kreuz legen, den Körper darauf drücken. Den Kopf und den Schwanz gut an den Körper drücken. Zwei Korinthen als Augen eindrücken. Die Oberfläche des Schildkrötenpanzers mit einem spitzen Messer gitterartig einschneiden.

### Ostertäubchen

Den Teig zu 40 cm langen, daumendicken Teigrollen formen. Diese einmal verknoten, die Teigenden für Kopf und Schwanz etwas herausziehen. Den Kopf leicht spitz formen. Mit Rosinen die Augen und mit einer Mandel den Schnabel nachbilden.

### Igel

Den Körper des Igels wie den der Maus formen. Den Teig leicht gehen lassen. Die Oberfläche mit einer Schere einschneiden, so daß es wie Stacheln aussieht. Die Augen können durch Korinthen gebildet werden.

**Zubereitungshinweis**
Alle Tiere aus Hefeteig nach dem Formen etwa ¼ Stunde gehen lassen, dann für etwa ¼ Stunde kühl stellen. Vor dem Backen die Gebäckstücke mit verquirltem Eigelb bestreichen. Die Tiere müssen je nach Größe 10 bis 20 Minuten gebacken werden.

77

## Osternestchen

Zubereitungszeit: ca. 40 Minuten
Gehzeit: ca. 1¼ Stunden
Kühlzeit: ca. 20 Minuten
Backzeit: ca. 40 Minuten

**Sie benötigen für ein rundes Kuchenblech von 30 cm ø:**

**Für den Teig:**

| |
|---|
| ca. 750 g Hefeteig (siehe Seite 120) |
| 100 g kandierte Früchte |
| 80 g Sultaninen |

**Zum Garnieren:**

| |
|---|
| 2 EL Zitronensaft |
| 4 EL Puderzucker |
| 2 EL Sesamsamen |
| 2 EL Hagelzucker |
| 5 hartgekochte gefärbte Eier |

**So wird's gemacht:**

**1.** Den Hefeteig zubereiten und gehen lassen. Die kandierten Früchte kleinschneiden und zusammen mit den Sultaninen sorgfältig unter den Teig kneten. Ein Kuchenblech mit Backpapier auslegen.
**2.** Den Backofen auf 180°C vorheizen. Aus dem Teig sechs gleich große Kugeln formen. Eine Teigkugel in die Mitte des Bleches kranzförmig darum herum anordnen.
**3.** In diese Kugeln je eine Vertiefung drücken. Aus Aluminiumfolie fünf „Eier" formen und sie in diese Vertiefung legen.
**4.** Den Kuchen für 20 Minuten kühl stellen und anschließend etwa 40 Minuten backen.
**5.** Den Kuchen herausnehmen und erkalten lassen. Den Zitronensaft und den Puderzucker verrühren. Den Kuchen mit der Glasur bestreichen. Die Sesamsamen über die äußeren Kugeln streuen, die mittlere Kugel mit dem Hagelzucker bestreuen. Die „Aluminiumeier" entfernen und durch gefärbte Ostereier ersetzen.
(Auf dem Foto: oben)

## Osterlamm

Zubereitungszeit: ca. 40 Minuten
Backzeit: ca. ¾ Stunden

**Sie benötigen für eine Lammbackform:**

**Für die Masse:**

| |
|---|
| 75 g Butter |
| 100 g Zucker |
| 1 TL abgeriebene Schale von einer unbehandelten Zitrone |
| 1 Prise Salz |
| 2 kleine Eier |
| 100 g Weizenmehl (Type 405) |
| 2 EL Weizenstärke |
| 1 TL Backpulver |
| Butter und Mehl für die Form |

**Zum Verzieren:**

| |
|---|
| Eiweißglasur (siehe Seite 138) |
| 30 g dunkle Schokolade |

**So wird's gemacht:**

**1.** Die Butter zusammen mit dem Zucker schaumig rühren. Die Zitronenschale und das Salz darunterrühren. Die Eier einzeln dazugeben und gut verrühren.
**2.** Das Mehl zusammen mit der Stärke und dem Backpulver über die Ei-Butter-Masse sieben und darunterrühren.
**3.** Die Lammform innen gut ausfetten und mit Mehl bestäuben. Die Form zusammensetzen, aufstellen und mit dem Teig füllen.
**4.** Den Ofen auf etwa 190°C vorheizen. Die Lammform auf ein Blech stellen und in die unterste Schiene schieben (siehe auch Gebrauchsanweisung auf der Verpackung der Form) und das Lamm etwa ¾ Stunden backen.
**5.** Die Form aus dem Ofen nehmen und etwa 5 Minuten abkühlen lassen, die Form öffnen und das Lamm herausnehmen. Es erkalten lassen, dann die Bodenfläche etwas geradeschneiden.
**6.** Die Glasur zubereiten und das Lamm damit bestreichen.
**7.** Die Schokolade in Stücke brechen und zusammen mit 1 Teelöffel Wasser im Wasserbad schmelzen lassen. Die Schokoladenglasur in ein kleines Pergamenttütchen (siehe Seite 141) geben und beidseitig des Kopfes die Umrisse der Ohren und die Augen markieren.
(Auf dem Foto: Mitte)

*Tips*

● Man kann das Lamm – solange die Glasur noch naß ist – mit Kokosflocken oder geschälten, geriebenen Mandeln dicht bestreuen.
● Man kann dem Lämmchen auch ein Glöckchen umhängen.

## Osterhase

Zubereitungszeit: ca. ½ Stunde
Backzeit: ca. ¾ Stunden

**Sie benötigen für eine Hasenbackform:**

**Für die Masse:**

| |
|---|
| 50 g Butter |
| 50 g Zucker |
| 1 Päckchen Vanillezucker |
| 1 Prise Salz |
| 1 Ei |
| 75 g Weizenmehl (Type 405) |
| ½ TL Backpulver |
| Butter und Mehl für die Form |

**Außerdem:**

| |
|---|
| 100 g Schokoladenglasur (Fertigprodukt) |

**So wird's gemacht:**
**1.** Die Butter, den Zucker und den Vanillezucker schaumig rühren. Das Salz darunterrühren. Das Ei dazugeben und alles gut verrühren.
**2.** Das Mehl zusammen mit dem Backpulver über die Ei-Butter-Masse sieben und darunterrühren.
**3.** Die Hasenform innen sehr gut ausfetten und mit Mehl bestäuben. Die beiden Formenhälften zusammensetzen.
**4.** Den Ofen auf 175°C vorheizen. Den Teig in die Form füllen. Die Form auf die unterste Schiene stellen (siehe auch Gebrauchsanweisung auf der Verpackung der Form).
**5.** Den Hasen etwa ¾ Stunden backen. Ihn aus dem Ofen nehmen und dann etwa 5 Minuten abkühlen lassen.
**6.** Die Form öffnen, den Hasen herausnehmen und die Stehfläche geradeschneiden.
**7.** Die Schokoladenglasur verflüssigen und den abgekühlten Hasen damit überziehen.
(Auf dem Foto: unten)

*Tips*
● Man kann auch nur die Konturen des Rückens, der Ohren, der Schenkel und der Vorderpfoten mit geschmolzener Schokolade markieren, Schnauzhaare und Mund malen und für die Augen Schokoladenbohnen mit Eiweißglasur ankleben. In diesem Fall den Hasen vorher mit Puderzucker bestäuben.
● Hübsch sieht es auch aus, wenn man den Hasen mit Puderzuckerglasur bestreicht und nach dem Trocknen wie oben beschrieben mit Schokoladenglasur dekoriert. Man kann zusätzlich mit Schokoladenglasur Punkte auftragen, die das Fell markieren. Das Ganze kann auch umgekehrt gemacht werden: Den Hasen mit Schokoladenglasur bestreichen und mit Puderzuckerglasur dekorieren.

## Babas mit Brombeeren

Zubereitungszeit: ca. ¾ Stunden
Gehzeit: ca. 55 Minuten
Backzeit: ca. 20 Minuten

**Sie benötigen für 6–8 Savarinförmchen mit 6–8 cm ø:**

**Für den Teig:**
20 g Hefe
4½ EL Zucker
150 bis 200 ml lauwarme Milch
250 g Weizenmehl (Type 405)
1 Prise Salz
2 Eier
80 g Butter
abgeriebene Schale von
1 unbehandelten Zitrone
Butter zum Ausfetten

**Für die Füllung:**
300 g Brombeeren
4 EL Zucker
Saft von 1 Zitrone

**Für den Sirup:**
200 g Zucker
5 EL Rum

**Außerdem:**
200 g süße Sahne

**So wird's gemacht:**
**1.** Die Hefe mit 1 Teelöffel Zucker und 2 Eßlöffeln Milch verrühren. Wenig Mehl dazugeben und diesen Vorteig in etwa 10 Minuten auf das doppelte Volumen aufgehen lassen.
**2.** Das restliche Mehl und das Salz mischen und in eine vorgewärmte Schüssel sieben. In die Mitte eine Vertiefung drücken.
**3.** Die Eier verquirlen, die Butter schmelzen und dann wieder leicht abkühlen lassen.
**4.** Den Vorteig, die Eier, die restliche Milch, die Butter, den restlichen Zucker und die Zitronenschale in die Vertiefung geben und alles so lange verkneten, bis der Teig glatt und glänzend ist.

**5.** Die Savarinförmchen ausfetten. Den Teig in einen Spritzbeutel geben und in die Förmchen spritzen. Sie dürfen nur bis knapp zur Hälfte gefüllt werden. Den Teig gehen lassen, bis er ungefähr das doppelte Volumen erreicht hat; das dauert etwa ¾ Stunden.

**6.** In der Zwischenzeit den Backofen auf 180°C vorheizen. Die Babas nach dem Gehen etwa 20 Minuten backen. Wenn nötig, sie nach der Hälfte der Backzeit mit Alufolie abdecken.

**7.** Die Brombeeren waschen, verlesen, mit dem Zucker bestreuen und dem Zitronensaft beträufeln und marinieren lassen.

**8.** Für den Sirup den Zucker zusammen mit 100 ml Wasser etwa ¼ Stunde kochen. Den Rum dazugeben und alles erkalten lassen.

**9.** Die Babas nach dem Backen auf ein Kuchengitter stürzen. Den Rumsirup in ein flaches Gefäß gießen. Die noch warmen Babas hineinlegen. Sie sollen sich mit dem Sirup vollsaugen. Von Zeit zu Zeit mit einem Löffel etwas Sirup über die Babas gießen.

**10.** Die Sahne steifschlagen. Die getränkten Babas auf Kuchenteller legen. Die marinierten Brombeeren in die Mitte der Babas geben und sie mit der Sahne garnieren.
(Auf dem Foto: oben)

## Variationen
● Die Babas können auch mit anderen Beeren oder kleingeschnittenen Früchten gefüllt werden.
● Aus dem Teig kann man auch einen großen Savarinring backen, die Backzeit verlängert sich auf 30 bis 35 Minuten.
● Anstelle der Sahne kann auch Sahnequark, der eventuell mit etwas Vanille verrührt wurde, gereicht werden.

## *Biskuitomeletten mit Himbeersahne*

Zubereitungszeit: ca. 40 Minuten
Backzeit: ca. 10 Minuten

**Sie benötigen für 4 Omeletten:**

**Für die Biskuitmasse:**

| |
|---|
| 20 g Butter |
| 2 Eigelb |
| 45 g Zucker |
| 1 Prise Salz |
| ¼ TL abgeriebene Schale von einer unbehandelten Zitrone |
| 2 Eiweiß |
| 20 g Weizenstärke |
| 25 g Weizenmehl (Type 405) |
| Mehl zum Bearbeiten |

**Für die Füllung:**

| |
|---|
| 250 g frische Himbeeren |
| 250 g süße Sahne |
| 4 EL Puderzucker |
| 1 EL Zitronensaft |

**Außerdem:**

| |
|---|
| Puderzucker zum Bestäuben |

**So wird's gemacht:**

**1.** Den Backofen auf etwa 190°C vorheizen. Die Butter schmelzen lassen und warm halten.

**2.** Die Eigelbe mit etwa der Hälfte des Zuckers, dem Salz und der Zitronenschale cremig rühren, die Masse muß weiß sein.

**3.** Die Eiweiße schlagen, bis sie weiß werden. Den restlichen Zucker langsam einrieseln lassen und weiterschlagen, bis der Eischnee fest ist.

**4.** Die Eigelbmasse unter die Eiweiße mischen. Die Weizenstärke zusammen mit dem Mehl darübersieben und darunter ziehen.

**5.** Die Butter dazugeben und sorgfältig darunterheben. Ein Blech mit Backpapier auslegen.

**6.** Die Omelettenmasse in einen Spritzbeutel mit mittelgroßer Lochtülle füllen und runde Plätzchen von etwa 12 cm ø aufspritzen.

**7.** Die Omeletten etwa 10 Minuten backen, jedoch nach spätestens 8 Minuten prüfen, ob sie bereits fertig sind. Die Omeletten dürfen auf keinen Fall einen dunklen Rand bekommen, sonst lassen sie sich nicht mehr formen.

**8.** Pergamentpapier dünn mit Mehl bestäuben und die Omeletten mit den Oberflächen nach unten darauf stürzen. Die Omeletten, an denen das Backpapier noch haftet, mit einem angefeuchteten Tuch bedecken und auskühlen lassen. Das Backpapier abziehen.

**9.** Die Himbeeren verlesen, waschen, trockentupfen und durch ein feines Sieb streichen.

**10.** Die Sahne zusammen mit dem Puderzucker steif schlagen. Das Himbeermark zusammen mit dem Zitronensaft vorsichtig unter die Sahne heben.

**11.** Die Himbeersahne in einen Spritzbeutel mit großer Loch- oder Sterntülle geben und auf die rechten Hälften der Biskuitomeletten spritzen.

**12.** Die Omeletten umklappen, leicht andrücken und mit Puderzucker bestäuben.
(Auf dem Foto: unten)

## *Tip*
Es ist wichtig, daß das Papier auf das die Omeletten gestürzt werden mit Mehl bestäubt wird, sonst würden sie ankleben.

## *Variationen*
Die Omeletten lassen sich nicht nur mit Sahne in den verschiedensten Geschmacksrichtungen füllen, sondern auch mit leichten Sahne-, Joghurt- oder Quarkcremes.

## Nektarinenblätterteigschnitten

Zubereitungszeit: ca. 50 Minuten
(ohne Zeit zum Zubereiten des Blätterteigs)
Ruhezeit: ca. ¼ Stunde
Backzeit: ca. 12 Minuten

### Sie benötigen für 10 Stück:
| | |
|---|---|
| 500 g Blätterteig (siehe Seite 132 oder Fertigprodukt) | |
| 250 g Pfirsichhälften (aus der Dose) | |
| 2 Blätter Gelatine | |
| 6 reife Nektarinen | |
| 1 EL Milch | |
| 200 g süße Sahne | |
| 1 TL Vanillezucker | |
| 2 TL Zucker | |

### Für die Glasur:
| | |
|---|---|
| 2 EL Johannisbeergelee | |
| 100 g Puderzucker | |

### So wird's gemacht:

1. Den Blätterteig zubereiten, Fertigteig vorbereiten. Den Teig auf einer mit Mehl bestäubten Arbeitsfläche ausrollen und in drei gleich große Streifen teilen.
2. Ein Backblech mit Backpapier belegen und die Teigstreifen darauf legen. Sie mit einer Gabel mehrmals einstechen und etwa ¼ Stunde ruhen lassen.
3. In der Zwischenzeit den Backofen auf 220°C vorheizen. Die Pfirsiche abtropfen lassen und zusammen mit einem Eßlöffel Saft im Mixer fein pürieren. Die Gelatine für etwa 10 Minuten in kaltem Wasser einweichen.
4. Die Nektarinen waschen, halbieren und den Kern entfernen. Die Hälften in recht dünne Scheiben schneiden.
5. Die Blätterteigstreifen etwa 12 Minuten backen und auf dem Blech auskühlen lassen.
6. Zwei der Blätterteigstreifen mit dem Pfirsichpüree bestreichen. Die Milch erwärmen. Die Gelatineblätter ausdrücken und in der erwärmten Milch auflösen.
7. Die Sahne zusammen mit dem Vanillezucker und dem Zucker steifschlagen und die aufgelöste Gelatine daruntermischen.
8. Die Sahne mit einem Spritzbeutel auf die mit dem Pfirsichmus bestrichenen Blätterteigstreifen spritzen, etwas für die Garnitur zurückbehalten.
9. Zehn Nektarinenschnitze für die Garnitur beiseite legen. Die restlichen Schnitze auf die Sahne legen. Die belegten Streifen übereinandersetzen und andrücken.
10. Das Johannisbeergelee zusammen mit 1 Eßlöffel Wasser aufkochen. Den dritten Blätterteigstreifen damit bestreichen und trocknen lassen.
11. Den Puderzucker mit 2 Eßlöffeln Wasser verrühren und den mit Gelee bestrichenen Blätterteigstreifen damit bepinseln.
12. Den glasierten Blätterteigstreifen in zehn gleichgroße Stücke teilen und auf die Nektarinen-Sahne-Blätterteigstreifen setzen. Nun die Schnitten vorsichtig an den markierten Stellen ganz durchschneiden. Jede Schnitte mit der restlichen Sahne und den Nektarinenschnitzen garnieren.

### Tips
- Wenn keine Nektarinen erhältlich sind, Pfirsiche nehmen.
- Eventuell bereits rechteckig ausgerollten Blätterteig kaufen und diesen noch etwas ausrollen.
- Blätterteigreste oder -abschnitte können mit Eigelb bestrichen und mit Kümmel-, Sesam- oder Mohnsamen bestreut werden. Kleine Plätzchen daraus schneiden und sie je nach Größe 5 bis 10 Minuten bei 220°C backen.

## Hippentörtchen mit Beeren

Zubereitungszeit: ca. 20 Minuten
Kühlzeit: ca. 2 Stunden
Backzeit: ca. 3 Minuten

**Sie benötigen für 4 Törtchen:**

**Für den Teig:**
| |
|---|
| 1 Eiweiß |
| 30 g Puderzucker |
| 30 g Butter |
| 30 g Weizenmehl (Type 405) |

**Außerdem:**
| |
|---|
| 200 g Himbeeren oder verschiedene gemischte Beeren |
| 2 EL Zucker |
| 125 g süße Sahne |

**So wird's gemacht:**
1. Das Eiweiß mit dem Puderzucker gut mischen. Die Butter schmelzen, dann leicht abkühlen lassen und lauwarm zusammen mit dem Mehl unter das Eiweiß mischen. Alles zu einem glatten Teig verrühren.
2. Den Teig für etwa 2 Stunden kühl stellen.
3. Den Backofen auf 220°C vorheizen. Auf Backpapier Kreise von etwa 12 cm zeichnen. Die Teigmasse etwa 2 mm dick auf den markierten Stellen auftragen und den Teig 2 bis 3 Minuten backen. Sobald die Ränder der Teigrondellen hellbraun werden, das Gebäck aus dem Ofen nehmen.
4. Jede Rondelle noch warm in einer Tasse oder über einem umgestülpten hohen Wasserglas zu Tulpen formen und anschließend vollständig auskühlen lassen.
5. Die Beeren waschen, verlesen und mit dem Zucker mischen. Die Beeren marinieren lassen, bis sich der Zucker gelöst hat.
6. Unmittelbar vor dem Servieren die Sahne steifschlagen. Die Beeren in die Tulpen füllen und mit der Sahne garnieren.

### Variationen
Die Hippentörtchen mit karamelisierten Apfelwürfeln oder dicker, mit Früchtewürfeln gemischter Vanillefüllcreme (siehe Seite 135) füllen.

## Karamboletartelettes

Zubereitungszeit: ca. 40 Minuten
Kühlzeit: ca. 1 Stunde
Backzeit: ca. 20 Minuten

Sie benötigen für 4 Tarteletteförmchen mit 10–12 cm ø:

**Für den Teig:**
125 g Weizenmehl (Type 405)
75 g Butter
40 g Zucker
1 Prise Salz
1 Eiweiß
Hülsenfrüchte zum Blindbacken

**Für den Obstbelag:**
30 g Zucker
2 EL Zitronensaft
1 kleine Karambole (Sternfrucht)

**Für die Creme:**
16–20 Passionsfrüchte
2 Eigelb
35 g Zucker
15 g Vanillepuddingpulver
60 g süße Sahne

**Außerdem:**
½ EL Puderzucker zum Bestäuben

**So wird's gemacht:**
1. Das Mehl sieben. Die kalte Butter in kleine Stücke schneiden. Sie zum Mehl geben und alles schnell zusammengreifen.
2. Den Zucker, das Salz und das Eiweiß hinzugeben und den Teig schnell zusammenkneten.
3. Den Teig zu einer Kugel formen, sie etwas flachdrücken, in Klarsichtfolie einschlagen und etwa 1 Stunde ruhen lassen.
4. Den Backofen auf 220°C vorheizen. Den Teig dünn ausrollen und 4 Tarteletteförmchen damit auslegen. Den Teigboden mehrmals mit einer Gabel einstechen.
5. Den Teig mit Backpapier belegen und mit Hülsenfrüchten beschweren. Die Tartelettes auf der mittleren Schiene 10 bis 15 Minuten blind backen. Herausnehmen, etwas auskühlen lassen und Hülsenfrüchte und Backpapier entfernen.
6. Den Zucker zusammen mit dem Zitronensaft und 100 ml Wasser aufkochen. Die Karambole waschen, in Scheiben schneiden und im Zuckerwasser 4 bis 5 Minuten kochen. Abkühlen lassen, die Karambolenscheiben herausnehmen und trockentupfen.
7. Die Passionsfrüchte halbieren, das Mark herauskratzen und durch ein Sieb streichen (man benötigt 125 ml Passionsfruchtsaft).
8. Die Eigelbe und den Zucker cremig rühren und das Puddingpulver daruntermischen. Den Passionsfruchtsaft aufkochen und langsam unter die Eigelbmasse mischen. Die Eicreme unter Rühren kochen, bis die Creme gebunden ist.

9. Die Creme durch ein Sieb passieren und unter häufigem Umrühren erkalten lassen.
10. Die Sahne steifschlagen und unter die kalte Creme ziehen.
11. Den Grill auf 250°C vorheizen.
12. Die Creme in die Tartelettes füllen und mit den Karambolescheiben belegen. Alles dünn mit Puderzucker bestäuben und unter dem Grill goldgelb überbacken.

## Heidelbeertörtchen

Zubereitungszeit: ca. 1 Stunde
Kühlzeit: ca. 1 Stunde
Backzeit: ca. 20 Minuten

**Sie benötigen für 10 Förmchen von 10 cm ø:**

**Für den Teig:**
500 g geriebenen Teig
(siehe Seite 126)
Mehl zum Ausrollen
Butter zum Ausfetten
Hülsenfrüchte zum Blindbacken

**Für die Füllung:**
500 g Vanillefüllcreme
(siehe Seite 135)
100 g süße Sahne
600 g Heidelbeeren
100 g Zucker
4 EL Heidelbeer- oder
Johannisbeergelee

**So wird's gemacht:**
1. Den Teig zubereiten und kühl stellen. Anschließend auf einer mit Mehl bestäubten Arbeitsfläche etwa 4 mm dick ausrollen.
2. Kleine Tartelette- oder Schiffchenförmchen ausfetten und mit dem Teig auslegen. Den Backofen auf 220°C vorheizen.
3. Passend zugeschnittenes Backpapier auf den Teig legen, Hülsenfrüchte darauf legen und die Teigböden 15 bis 18 Minuten blind backen. Darauf achten, daß die Törtchen nicht zu dunkel werden. Anschließend Hülsenfrüchte und Backpapier entfernen. Die Böden herausnehmen und erkalten lassen.
4. Die Vanillefüllcreme zubereiten. Die Sahne steifschlagen und unter die kalte Creme ziehen.
5. Die Törtchen halb mit Creme füllen.
6. Die Heidelbeeren waschen, zusammen mit dem Zucker ganz kurz aufkochen. Die kalten Heidelbeeren ohne Saft auf der Creme verteilen. Den Heidelbeersaft zusammen mit dem Gelee stark einkochen lassen und die Heidelbeeren damit überziehen.

### Variation
Diese Törtchen lassen sich auch mit geschälten, in Würfel geschnittenen Feigen füllen. Die Feigen mit eingekochtem Himbeer- oder Johannisbeergelee überziehen.

### Tip
Auch tiefgekühlte Beeren können für die Törtchen genommen werden.

## Madeleines

Zubereitungszeit: ca. 20 Minuten
Backzeit: ca. 20 Minuten

**Sie benötigen für ca. 20 kleine Madeleineförmchen:**
150 g Butter
200 g Zucker
1 TL abgeriebene Schale von einer unbehandelten Zitrone
1 Prise Salz
6 Eier
200 g Weizenmehl (Type 405)
1 TL Backpulver
1 EL Orangenblüten- oder Rosenwasser
Butter zum Ausfetten

**So wird's gemacht:**
**1.** Die Butter in kleine Stücke schneiden und dann in einer vorgewärmten Schüssel schaumig schlagen.
**2.** Den Backofen auf 180°C vorheizen. Den Zucker, die Zitronenschale und das Salz zur Butter rühren. Die Eier einzeln daruntermischen. Das Mehl und das Backpulver mischen und darübersieben.
**3.** Alles rasch zu einem gleichmäßigen Teig verrühren und mit dem Orangenblüten- oder Rosenwasser parfümieren.
**4.** Die Förmchen mit der Butter ausfetten und bis zum Rand mit dem Teig füllen.
**5.** Die Madeleines etwa 20 Minuten backen.
(Auf dem Foto: oben)

## Punschkugeln

Zubereitungszeit: ca. ½ Stunde
Kühlzeit: ca. 2 Stunden

**Sie benötigen für 10 Stück:**
200 g Biskuitreste oder Löffelbiskuits
150 g Butter
3 EL gesüßtes Schokoladenpulver
1 Ei
2 EL Puderzucker
1 TL abgeriebene Schale von einer unbehandelten Orange
3 EL Arrak, Punsch oder Rum
100 g Schokoladenstreusel oder kleine Schokoladenspäne

**So wird's gemacht:**
**1.** Biskuits oder Löffelbiskuits in kleine Stücke teilen und zu feinen Krümeln zerreiben.
**2.** Die Butter schmelzen lassen und mit Schokoladenpulver verquirltem Ei, Puderzucker und Orangenschale mischen.
**3.** Die Biskuits mit dem Arrak, dem Punsch oder dem Rum gut tränken. Sie anschließend unter die Schokoladencreme ziehen.
**4.** Aus der Masse eigroße Kugeln formen und in Schokoladenstreuseln oder -spänen wenden.
**5.** Die Punschkugeln mindestens 2 Stunden für dem Servieren kühl stellen und auch im Kühlschrank aufbewahren.
(Auf dem Foto: Mitte)

## Kleine Butterfladen

Zubereitungszeit: ca. 20 Minuten
Backzeit: ca. ¼ Stunde

**Sie benötigen für ein großes Backblech:**
120 g Butter
150 g Weizenmehl (Type 405)
1 Prise Salz
50 g Zucker
1 TL abgeriebene Schale von einer unbehandelten Zitrone
1 Ei

**So wird's gemacht:**
**1.** Den Backofen auf 180°C vorheizen. Die Butter erwärmen, bis sie schmilzt, dann vom Feuer nehmen. Das Mehl sieben und zusammen mit dem Salz, dem Zucker und der Zitronenschale zur Butter rühren.
**2.** Das Ei verquirlen und dazugeben. Je nach Größe der Eier und Mehlqualität noch etwas Mehl dazugeben. Der Teig muß ausgerollt werden können.
**3.** Ein Backblech mit Backpapier belegen, den Teig darauf legen und ausrollen. Den Teig 15 Minuten backen. Noch warm in Rechtecke schneiden.
(Auf dem Foto: unten)

### Tip
Man kann auch aus dem gebackenen Teig Kreise von etwa 12 cm ausstechen.

86

## Quarktaschen

Zubereitungszeit: ca. 20 Minuten
(ohne Zubereitungszeit für den Teig)
Backzeit: ca. 20 Minuten

**Sie benötigen für ca. 8 Stück:**
500 g Blätterteig (siehe Seite 132)
oder Fertigprodukt)

**Für die Füllung:**
1 Eigelb
1 EL Zucker
2 EL gehackte Mandeln
1 TL Zimtpulver
2 EL Brombeerkonfitüre
100 g Sahnequark

**Außerdem:**
Mehl zum Ausrollen
1 Eigelb zum Bestreichen

**So wird's gemacht:**
**1.** Den Blätterteig zubereiten und kühl stellen oder nach Packungsanleitung vorbereiten.
**2.** Das Eigelb und den Zucker mit dem Schneebesen leicht verschlagen. Die Mandeln, den Zimt, die Konfitüre und den Quark darunterrühren.
**3.** Den Backofen auf 200°C vorheizen. Den Blätterteig auf einer mit Mehl bestäubten Arbeitsfläche etwa 3 mm dick ausrollen und zu Quadraten von etwa 8 cm Länge schneiden. Je 1 Eßlöffel Füllung auf jedes Teigstück geben. Zwei Seiten mit wenig Wasser befeuchten, die Teigstücke zu Dreiecken falten und gut zusammendrücken.
**4.** Ein Backblech mit Backpapier belegen. Die Teigtaschen darauf setzen. Sie mit verquirltem Eigelb bestreichen und etwa 20 Minuten backen.

## Tip
Blätterteigreste mit geriebenem Käse bestreuen, aufrollen und in Scheiben schneiden. Die Plätzchen bei 220°C 5 bis 10 Minuten backen und zum Aperitif reichen.

## Windbeutel mit Mokkacreme

Zubereitungszeit: ca. ¾ Stunden
Backzeit: ca. 20 Minuten
Kühlzeit: ca. ¼ Stunde

**Sie benötigen für
ca. 12 Windbeutel:**

| 600 g Brandmasse (siehe Seite 134) |

**Für die Glasur:**

| 1 TL Butter |
| 30 g dunkle Schokolade |
| 60 g Puderzucker |
| 1 EL starken Kaffee |
| 1 EL Mokkalikör |
| Schokoladenkaffeebohnen nach Belieben |

**Für die Füllung:**

| 2 Blätter Gelatine |
| ⅛ l starken Kaffee |
| 250 g süße Sahne |
| 2 EL Zucker |
| 1 EL Mokkalikör |

**So wird's gemacht:**

1. Den Backofen auf 200°C vorheizen. Die Brandmasse wie beschrieben zubereiten.
2. Ein Backblech mit Backpapier belegen. Vom Teig mandarinengroße Kugeln abstechen und mit genügend Abstand auf das Backblech setzen. Die Windbeutel etwa 20 Minuten backen.
3. Die Butter zusammen mit der Schokolade im heißen Wasserbad schmelzen. Den Puderzucker, den Kaffee und den Mokkalikör dazugeben und alles gut verrühren.
4. Die Windbeutel nach dem Erkalten mit dieser Glasur bestreichen. Nach Belieben mit je einer Schokoladenbohne garnieren.
5. Die Gelatine in kaltem Wasser einweichen. Den Kaffee erhitzen, die Gelatine auspressen und die Blätter einzeln im heißen Kaffee auflösen.
6. Den Kaffee erkalten lassen. Die Sahne zusammen mit dem Zucker steifschlagen und den Mokkalikör unter die Sahne ziehen. Die Mokkasahne für etwa ¼ Stunde kühl stellen.
7. Die Windbeutel quer aufschneiden. Die Creme in einen Spritzbeutel füllen und die Windbeutel mit der Creme füllen.

### Tips

● Diese Windbeutel sollten frisch gegessen werden. Sie deshalb erst knapp 1 Stunde vor dem Servieren backen.
● Die Füllung kann 1 bis 2 Stunden im voraus zubereitet werden.
● Der Mokkalikör kann durch Cognac oder Armagnac ersetzt werden.
● Wenn Kinder mitessen, sollte man anstelle des Likörs etwas Vanilleextrakt hinzufügen, 1 Eßlöffel Schokoladenpulver zur Creme geben und den Likör bei der Glasur weglassen.

## Reistörtchen mit Aprikosen

Zubereitungszeit: ca. 1 Stunde
Kühlzeit: ca. 1¼ Stunden
Backzeit: ca. ½ Stunde

**Sie benötigen für ca. 12 Tarteletteförmchen von 10 cm ø:**

| |
|---|
| 600 g Mürbeteig (siehe Seite 124) |
| Mehl zum Ausrollen |
| Butter zum Ausfetten |

**Für die Füllung:**

| |
|---|
| 60 ml Milch |
| ¼ TL Salz |
| 100 g italienischen Rundkornreis (Camolino oder Vialone) |
| 1 TL abgeriebene Schale von einer unbehandelten Zitrone |
| 80 g Zucker |
| 2 Eigelb |
| 80 g geschälte, geriebene Mandeln |
| 150 g Sahnequark |
| 1 EL Rum |
| 2 Eiweiß |
| 4 EL Aprikosenkonfitüre |
| 12 Aprikosenhälften |

**Zum Bestreuen:**

| |
|---|
| 2 EL Mandelsplitter |
| 2 EL Puderzucker |

**So wird's gemacht:**

**1.** Den Mürbeteig zubereiten und kühl stellen.
**2.** In der Zwischenzeit die Milch zusammen mit ¼ l Wasser und dem Salz aufkochen. Den Reis hineingeben und in etwa ½ Stunde bei geringer Hitzezufuhr zu einem dicken Brei kochen. Ihn dabei ab und zu umrühren.
**3.** Den Teig auf einer mit Mehl bestäubten Arbeitsfläche ausrollen. Die Tarteletteförmchen ausfetten und den Teig hineinlegen. Ihn mit einer Gabel mehrmals einstechen.
**4.** Den Reisbrei erkalten lassen. Die Zitronenschale daruntermischen. Den Zucker und die Eigelbe zu einer glatten, weißlichen Creme verrühren.
**5.** Den Backofen auf 200°C vorheizen. Den Reisbrei, die Eicreme, die Mandeln, den Quark und den Rum gut mischen. Die Eiweiße steifschlagen und unter die Reismasse ziehen.
**6.** Die Aprikosenkonfitüre durch ein Sieb streichen. Den Boden und den Rand der Tartelettes mit Konfitüre bepinseln und mit je einer halben Aprikose belegen. Die Reisfüllung darauf verteilen. Die Mandelsplitter darüberstreuen.
**7.** Die Törtchen zuerst 10 Minuten bei 200°C, dann 15 bis 20 Minuten bei 160°C backen.
**8.** Die Törtchen vor dem Servieren mit Puderzucker bestreuen.
(Auf dem Foto: oben)

## Tips

● Die Reistörtchen schmecken ganz frisch am besten.
● Man kann die Reistörtchen ungebacken tiefkühlen. Dann aber die Mandelsplitter erst unmittelbar vor dem Backen darauf geben.

## Linzer Schnitten

Zubereitungszeit: ca. 25 Minuten
Kühlzeit: 1 Stunde
Backzeit: ca. 20 Minuten

**Sie benötigen für ein Backblech von 34 x 42 cm:**

**Für den Teig:**

| |
|---|
| 250 g Weizenmehl (Type 405) |
| 1 Msp. Backpulver |
| 250 g Zucker |
| 250 g gemahlene Mandeln |
| 1 EL Zimtpulver |
| 1 Msp. Nelkenpulver |
| 1 Msp. Anispulver |
| 1 EL Kakaopulver |
| 250 g Butter |
| 1 EL Kirschwasser |
| 1 Ei |

**Außerdem:**

| |
|---|
| 400 g Himbeer- oder Johannisbeerkonfitüre |
| 1 Eigelb |

**So wird's gemacht:**

**1.** Für den Teig das Mehl und das Backpulver mischen und in eine Schüssel sieben. Den Zucker, die Mandeln, die Gewürze und das Kakaopulver dazugeben.
**2.** Die Butter schmelzen lassen und lauwarm unter den Teig rühren. Alles rasch mit dem Kirschwasser und dem verquirlten Ei zu einem gleichmäßigen Teig verkneten.
**3.** Den Teig für etwa 1 Stunde kühl stellen.
**4.** Anschließend den Backofen auf 170°C vorheizen und ein Backblech mit Backpapier auslegen. Zwei Drittel des Teiges etwa 1 cm dick auf dem Blech ausrollen.
**5.** Den Teig mit der Konfitüre bestreichen.
**6.** Den restlichen Teig auf einer mit Mehl bestäubten Arbeitsfläche ausrollen und ½ cm breite Streifen ausrädeln. Die Streifen wie ein Gitter über die Konfitüre legen.
**7.** Die Teigstreifen mit verquirltem Eigelb bestreichen.
**8.** Den Kuchen etwa 20 Minuten backen. Herausnehmen und noch warm in Schnitten von etwa 2 x 10 cm schneiden.
(Auf dem Foto: unten)

# Pikantes Gebäck

*Wer Herzhaftes Süßem vorzieht, der findet in diesem Kapitel bestimmt das richtige. Kleine Quiches und Kipferln oder Gemüsestrudel und Klostertorte laden zum Ausprobieren ein.*

## Miniquiches

Zubereitungszeit: ca. 1 Stunde
Kühlzeit: ca. 1 Stunde
Backzeit: ca. ¼ Stunde

**Sie benötigen für 11 Förmchen à 10 cm ø:**

| |
|---|
| 300 g geriebenen Teig ohne Zucker (siehe Seite 126) |
| Butter zum Ausfetten |
| Mehl zum Ausrollen |
| 80 g Hartkäse |
| 200 g süße Sahne |
| 2 Eier |
| Salz |
| Pfeffer aus der Mühle |
| 1 Prise Muskatnuß |

**So wird's gemacht:**
**1.** Den Teig zubereiten und kühl stellen.
**2.** Die Förmchen mit Butter ausstreichen. Den Backofen auf 180°C vorheizen.
**3.** Den Teig auf einer mit Mehl bestäubten Arbeitsfläche etwa 3 mm dick ausrollen und die Förmchen damit auslegen. Die Böden mit einer Gabel mehrmals einstechen.
**4.** Den Hartkäse reiben und mit der Sahne und den Eiern verrühren. Die Masse mit Salz, Pfeffer und Muskatnuß abschmecken.
**5.** Die Sahnemasse in die Förmchen füllen und die Quiches etwa ¼ Stunde backen.
**6.** Die Quiches aus den Förmchen nehmen und auf einer mit Tortenspitze belegten Platte anrichten.
(Auf dem Foto: oben)

### Tip
Die Quiches können nach Belieben in mundgerechte Viertel geschnitten werden.

# Schinkenkipferln

Zubereitungszeit: ca. 25 Minuten
(ohne Zubereitungszeit für den
Teig)
Backzeit: ca. ¼ Stunde

**Sie benötigen für ca. 14 Stück:**
500 g Blätterteig (siehe Seite 132)
oder Fertigprodukt)
180 g rohen Schinken
60 g weiche Butter
1 TL Senf
1 EL feingehackten Schnittlauch
Pfeffer aus der Mühle
Salz
Mehl zum Ausrollen
1 Eigelb

**So wird's gemacht:**
**1.** Den Blätterteig zubereiten oder
fertigen Blätterteig nach Packungs-
anweisung vorbereiten.
**2.** Den Schinken fein würfeln. Die
Butter schaumig rühren. Senf,
Schnittlauch, Schinken und Butter
mischen. Die Masse mit Pfeffer
und Salz würzen.
**3.** Den Backofen auf 220°C vorheizen. Den Teig auf einer mit Mehl
bestäubten Arbeitsfläche etwa
3 mm dick ausrollen und Dreiecke
von 10 cm Breite und 12 bis 13 cm
Seitenlänge ausschneiden.
**4.** Etwas Füllung auf die Dreiecke
legen, die Ränder mit Wasser
bepinseln und die Füllung einrollen. Die Rollen zu Kipferln formen.
**5.** Die Kipferln mit verquirltem
Eigelb bestreichen, auf ein mit
Backpapier belegtes Backblech
legen und etwa ¼ Stunde backen.
Die Backofentür in den letzten
5 Minuten etwas offen lassen.
(Auf dem Foto: Mitte)

## Variation
Die Butter kann man auch durch
Quark ersetzen.

# Pikante Quarkblätterteigtaschen

Zubereitungszeit: ca. 1 Stunde
Kühlzeit: ca. 3 Stunden
Backzeit: ca. ¼ Stunde

**Sie benötigen für ca. 20 Stück:**

**Für den Teig:**
200 g Weizenmehl (Type 405)
1 ½ TL Backpulver
1 Prise Salz
150 g kalte Butter
160 g Speisequark
Mehl zum Ausrollen

**Für die Füllung:**
150 g Räucherlachs
150 g Speisequark
3 EL süße Sahne
1 Eigelb
5 EL feingeschnittenen
Schnittlauch
wenig Salz
weißer Pfeffer aus der Mühle

**Außerdem:**
1 Eigelb, 1 EL süße Sahne
1 EL Kümmelsamen

**So wird's gemacht:**
**1.** Das Mehl zusammen mit dem
Backpulver auf eine Arbeitsfläche
sieben. Das Salz darüberstreuen
und das Mehl ringförmig aufhäufen. Die Butter in kleine Stücke
schneiden, zusammen mit dem
Quark in die Ringmitte geben.
**2.** Alles von innen nach außen zu
einem glatten Teig verarbeiten.
**3.** Den Teig zu einem rechteckigen
Block formen, ihn mit einem feuchten Tuch abdecken und für etwa
1 Stunde kalt stellen.
**4.** Den Teig gleichmäßig dick von
rechts nach links zu einem Rechteck von etwa 30 x 60 cm ausrollen.
**5.** Von rechts und von links je ein
Viertel des Teiges bis zur Mitte
zusammenlegen. Dann den Teig
nochmals zusammenfalten.

**6.** Den Teig wieder zu einem
Rechteck ausrollen und wie in
Schritt 5 beschrieben zusammenfalten.
**7.** Den Teig mit einem feuchten
Tuch zudecken und 2 Stunden im
Kühlschrank ruhen lassen.
**8.** In der Zwischenzeit den Räucherlachs in feine Würfel schneiden. Den Quark, die Sahne und
das Eigelb glattrühren. Die Lachs-
würfel und den Schnittlauch daruntermischen und alles mit Salz
und Pfeffer abschmecken.
**9.** Den Backofen auf etwa 220°C
vorheizen. Eine Arbeitsfläche
(möglichst Marmor) dünn mit
Mehl bestäuben und den Teig
etwa 2 mm dick ausrollen. Das
anhaftende Mehl abfegen.
**10.** Je 20 runde Plätzchen von
etwa 6 cm ø und von etwa 7 cm ø
ausstechen.
**11.** Die kleineren Plätzchen mit
einer Gabel mehrmals einstechen,
damit sich beim Backen keine Blasen bilden. Die Quarkfüllung darauf setzen. Die Teigränder mit kaltem Wasser bestreichen.
**12.** Die großen Teigplätzchen über
die Füllung legen und beide Teigstücke fest zusammendrücken. Das
geht am besten mit der Rückseite
eines kleinen Ausstechers.
**13.** Das Eigelb und die Sahne verrühren und die Oberfläche der
Teigtaschen damit bestreichen. Die
Plätzchen mit den Zinken einer
Gabel verzieren und mit dem
Kümmel bestreuen.
**14.** Ein Backblech mit Backpapier
belegen. Die Teigtaschen darauf
setzen und auf der mittleren
Schiene etwa ¼ Stunde backen.
Die Taschen heiß servieren.
(Auf dem Foto: unten)

## Tip
Anstelle des Quarkblätterteigs
kann auch Blätterteig genommen
werden.

## Tomatenkuchen

Zubereitungszeit: ca. ½ Stunde
Kühlzeit: ca. ½ Stunde
Backzeit: ca. 50 Minuten

**Sie benötigen für ein Kuchenblech von ca. 28 cm ø:**
| |
|---|
| 400 g geriebenen Teig ohne Zucker (siehe Seite 126) |
| Mehl zum Ausrollen |
| Hülsenfrüchte zum Blindbacken |
| 700 g Tomaten |
| 3 Eier |
| 150 g Sahnequark |
| 4 EL süße Sahne |
| 2 EL frisch gehackte Kräuter (Rosmarin, Basilikum, Bohnenkraut, Majoran, Thymian) |
| 250 g aromatischen Schnittkäse (z.B. Fontina) |
| 1 EL Butter |
| 2–3 Basilikumblätter zum Garnieren |

**So wird's gemacht:**
1. Den Teig zubereiten. Das Kuchenblech mit Backpapier belegen. Den Teig auf einer mit Mehl bestäubten Arbeitsfläche etwa 3 mm dick ausrollen und in die Form legen.
2. Den Teig mit einer Gabel mehrmals einstechen, Backpapier darauf legen und den Teig mit Hülsenfrüchten beschweren. Ihn für etwa ½ Stunde kühl stellen.
3. In der Zwischenzeit den Backofen auf 180°C vorheizen und den Boden dann etwa 20 Minuten blind backen. Danach die Hülsenfrüchte und das Backpapier wegnehmen.
4. Die Tomaten waschen, abtrocknen und in etwa 7 mm dicke Scheiben schneiden. Die Scheiben auf Küchenpapier legen, mit wenig Salz bestreuen und Saft ziehen lassen. Sie danach mit Küchenpapier trockentupfen.
5. Die Eier verquirlen und mit dem Sahnequark, der Sahne und den Kräutern gut mischen.
6. Den Käse grob reiben und zur Eiermasse geben. Sie mit Salz und Pfeffer abschmecken.
7. Den Kuchenboden mit Tomatenscheiben belegen und die Quarkmischung darübergießen. Dann die restlichen Tomatenscheiben kreisförmig darauf anordnen.
8. Die Butter schmelzen lassen und die Oberfläche damit bepinseln. Den Kuchen nochmals etwa ½ Stunde backen.
9. Den Kuchen mit den Basilikumblättern garnieren und warm oder lauwarm servieren.
(Ergibt 12 Stück)

### Variationen
● Als Belag eignen sich auch in Olivenöl vorgedünstete Auberginenwürfel und Tomaten oder gedünstete Zucchiniwürfel.
● Wer Quark nicht mag, kann entsprechend mehr Eier mit Sahne verquirlen und darübergießen.
● Man kann auch Blätterteig verwenden, auch er muß blind vorgebacken werden.

## Käse-Lauch-Kuchen

Zubereitungszeit: ca. ½ Stunde
Kühlzeit: ca. 1 Stunde
Backzeit: ca. 35 Minuten

**Sie benötigen für eine Springform von 24 cm ø:**

**Für den Teig:**
400 g Weizenmehl (Type 405)
1 TL Salz
180 g weiches Butterschmalz
150 ml kalten Weißwein
Mehl zum Ausrollen

**Für die Füllung:**
1 frische Bratwurst (ca. 400 g)
200 g zarten, jungen Lauch

**Für den Guß I:**
4 Eier
100 ml Weißwein
300 g süße Sahne
Salz
Pfeffer aus der Mühle
frisch geriebene Muskatnuß

**Für den Guß II:**
1 Knoblauchzehe
100 g Sahnequark
200 g geriebenen Greyerzer Käse
100 g Fontinakäse

**So wird's gemacht:**

**1.** Mehl und Salz in eine Schüssel sieben. Das Butterschmalz hinzufügen und alles so lange mit einer Holzkelle mischen, bis gleichmäßige Krümel entstehen. Nach und nach den sehr kalten Weißwein dazugeben. Der Teig muß glatt sein und gut zusammenhalten, damit er nachher ausgerollt werden kann. Den Teig für etwa 1 Stunde in den Kühlschrank stellen.
**2.** Die Wurst in heißem Wasser etwa 20 Minuten ziehen lassen. Sie herausheben, etwas auskühlen lassen und schälen. Dabei den Saft auffangen.
**3.** Den Lauch putzen, waschen und in etwa 4 cm lange Stücke schneiden. Diese zuerst längs, dann quer zu sehr kleinen Quadraten schneiden. Die Springform mit Backpapier belegen.
**4.** Den Backofen auf 220°C vorheizen. Den Teig auf einer mit Mehl bestäubten Arbeitsfläche etwa 3 mm dick ausrollen. Die Form damit auslegen, dabei einen Rand von etwa 4 cm hochziehen. Den Teigbogen mit einer Gabel mehrmals einstechen.
**5.** Die Wurst in etwa ½ cm dicke Scheiben schneiden und sie auf den Teig legen. Den Lauch darüberstreuen.
**6.** Für den Guß die Eier, den Weißwein und die Sahne verrühren und die Masse mit Salz, Pfeffer und Muskatnuß würzen.
**7.** Die Hälfte davon mit dem Wurstsaft mischen und über den Lauch gießen.
**8.** Den Kuchen etwa 25 Minuten backen. Sollten sich Blasen bilden, diese mit einem spitzen Messer aufstechen.
**9.** Den Knoblauch schälen und in den restlichen Guß pressen. Den Quark, den Greyerzer und den feingeschnittenen Fontina dazugeben und alles gut mischen.
**10.** Die Quiche aus dem Ofen nehmen. Den Käseguß darübergießen und die Quiche weitere 10 Minuten backen. Die Oberfläche soll nur braune Flecken bekommen.
**11.** Die Quiche heiß servieren.
(Ergibt 12 Stück)

### Tip
Der Kuchen kann mit der ersten Schicht bereits einige Zeit vorher vorgebacken werden. Den kalten Kuchen aber mit einer Folie abdecken und auf der mittleren Schiene erwärmen, bevor er mit der zweiten Schicht überbacken wird.

## Gemüsevollkornbrioche

Zubereitungszeit: ca. 40 Minuten
Gehzeit: ca. 70 Minuten
Backzeit: ca. 20 Minuten

**Sie benötigen für eine Brioche:**

**Für den Teig:**
15 g Hefe
100 ml lauwarme Milch
1 EL Zucker
250 g frisch gemahlenes
Dinkelvollkornmehl
¼ TL Salz
1 großes Ei
80 g weiche Butter
1 Prise Muskatnuß

**Für die Füllung:**
2 Eigelb
1 Ei
100 ml Gemüsebrühe
½ Msp. Safranpulver
30 g kalte Butter
30 g frisch gemahlenes
Dinkelvollkornmehl
1 Prise Salz
100 g Kohlrabi
150 g Karotten
250 g Brokkoli
½ Paprikaschote
5 Champignons
4 große Salatblätter

**Außerdem:**
Mehl zum Ausrollen
1 Eigelb zum Bestreichen

**So wird's gemacht:**
**1.** Die Hefe mit ein wenig Milch, dem Zucker und ein wenig Mehl zu einem Vorteig verrühren und diesen auf das doppelte Volumen gehen lassen.
**2.** Dann das restliche Mehl, die Milch, das Salz, das Ei und die Butter und den Muskat dazugeben und alles zu einem glatten Teig verkneten. Den Teig gut schlagen. Ihn danach mit einem Küchentuch abdecken und etwa auf das doppelte Volumen gehen lassen.

**3.** In der Zwischenzeit die Eigelbe, das Ei, die Gemüsebrühe und den Safran im heißen Wasserbad schaumig aufschlagen und die Butterwürfel darunterschlagen.
**4.** Die Masse ganz kaltrühren, dann den Dinkel und das Salz darunterrühren.
**5.** Das gesamte Gemüse putzen. Den Kohlrabi und die Karotten in Scheiben schneiden. Den Brokkoli in kleine Röschen teilen. Die Paprikaschote und die Champignons fein würfeln.
**6.** Die Gemüsesorten einzeln in kochendem Salzwasser blanchieren und kalt abschrecken. Sie anschließend gut abtropfen und auf Küchenpapier trocknen lassen. Den Backofen auf 220°C vorheizen.
**7.** Den Hefeteig auf einer mit Mehl bestäubten Arbeitsfläche zu einem Rechteck ausrollen und mit den gut abgetrockneten Salatblättern belegen. Etwas Ei-Dinkel-Masse darauf verteilen.
**8.** In der Mitte die Kohlrabischeiben etwa 5 cm breit und 30 cm lang auslegen. Wieder etwas Ei-Dinkel-Masse darauf streichen und die Karottenscheiben darauf legen.
**9.** Wieder Ei-Dinkel-Masse daraufgeben und Brokkoliröschen, Paprika- und Champignonwürfel darauf verteilen. Mit der restlichen Ei-Dinkel-Masse bestreichen und die Salatblätter über dem Gemüse zusammenschlagen.
**10.** Den Hefeteig aufrollen und die Ränder sowie die Oberfläche mit Eigelb bestreichen. Die Rolle auf ein mit Backpapier belegtes Kuchenblech legen und etwa 20 Minuten backen.
**11.** Die Brioche nach dem Backen 5 Minuten ruhen lassen, dann erst in Stücke schneiden.
(Ergibt ca. 8 Stück)
(Auf dem Foto: oben)

## Sauerkrautvollkornstrudel

Zubereitungszeit: ca. 55 Minuten
Ruhezeit: ca. 1 Stunde
Backzeit: ca. 25 Minuten

**Sie benötigen für einen Strudel:**
300 g Vollkornstrudelteig
(siehe Seite 127)
100 g Zwiebeln
70 g Butter
150 g grobgehacktes
Schweinefleisch
Salz
weißen Pfeffer aus der Mühle
1 TL gehackten Majoran
1½ EL Kümmel
1 Ei
250 g gekochtes Sauerkraut
1 rote Paprikaschote
60 g gekochten Langkornreis
(ca. 20 g Trockenprodukt)
6 große Weißkohlblätter
Mehl zum Ausrollen
1 Eigelb
1 EL süße Sahne

**So wird's gemacht:**
**1.** Den Teig zubereiten und abgedeckt etwa 1 Stunde ruhen lassen.
**2.** Die Zwiebeln schälen und in feine Würfel schneiden. Etwa 1 Eßlöffel Butter erhitzen, die Zwiebeln darin glasig dünsten und abkühlen lassen.
**3.** Das Fleisch mit Salz, Pfeffer, Majoran und etwas Kümmel würzen. Das Ei darunterarbeiten.
**4.** Das Sauerkraut ausdrücken. Die Paprikaschote vierteln, entkernen, waschen und in kleine Würfel schneiden.
**5.** Zwiebeln, Sauerkraut, Paprikawürfel, Reis und Schweinefleisch mischen.
**6.** Die Weißkohlblätter in leicht gesalzenem Wasser blanchieren, bis sie biegsam sind. Sie dann in kaltem, gesalzenem Wasser abschrecken und sorgfältig mit einem Küchentuch trockentupfen.

**7.** Den Backofen auf 230°C vorheizen. Die Weißkohlblätter leicht überlappend rechteckig auslegen. Die Sauerkrautfüllung in die Mitte der Weißkohlblätter legen und darin einwickeln.

**8.** Die restliche Butter erhitzen. Ein Tuch auf die Arbeitsfläche legen und dünn mit Mehl bestäuben. Den Teig von Hand strecken, auf das Tuch legen und rechteckig ausrollen. Danach über den Handrücken dünn ausziehen. Die dicken Teigränder abschneiden. Den Teig vorsichtig mit einem Teil der geschmolzenen Butter bestreichen.

**9.** Die Kohlrolle vorne auf den Strudelteig legen und nun den Strudel mit Hilfe des Tuches aufrollen. Die Teigenden so umschlagen, daß sie unter dem Strudel liegen. Ein Backblech mit der restlichen Butter bestreichen und den Strudel darauf setzen.

**10.** Eigelb und Sahne verrühren. Die Strudeloberfläche damit bestreichen und sie mit dem restlichen Kümmel bestreuen.

**11.** Den Strudel auf der mittleren Schiene etwa 25 Minuten backen. Aus dem Ofen nehmen, einige Minuten stehen lassen und heiß servieren.

**(Ergibt 12 Stück)**
**(Auf dem Foto: unten)**

## Champignonroulade

Zubereitungszeit: ca. 50 Minuten
(ohne Zubereitungszeit für den Teig)
Ruhezeit: ca. ½ Stunde
Backzeit: ca. 50 Minuten

**Sie benötigen für eine Roulade:**

| |
|---|
| 400 g Blätterteig |
| (siehe Seite 132 oder Fertigprodukt) |
| 500 g Champignons |
| 1 Zwiebel |
| 1 EL Butter |
| Salz, Pfeffer aus der Mühle |
| 1 Prise Zucker |
| einige Tropfen Zitronensaft |
| 2 Dörrpflaumen |
| 2 gedörrte Aprikosen |
| 50 g Pinienkerne |
| 50 g Rosinen |
| 1 EL milden Senf |
| 1 Ei |
| 150 g Kalbsbratwurstbrät |
| 200 g Schweinsbratwurstbrät |
| 4 Scheiben gekochten Schinken |
| (ca. 3 mm dick) |
| Mehl zum Ausrollen |
| 1 Eigelb zum Bestreichen |

**So wird's gemacht:**
1. Den Teig zubereiten oder nach Packungsanleitung vorbereiten.
2. Die Champignons mit einem feuchten Tuch abreiben. Die Stielenden abschneiden. Die Pilze fein hacken. Die Zwiebel schälen und fein würfeln.
3. Champignons und Zwiebelwürfel in der Butter andünsten. Die Masse mit Salz, Pfeffer, Zucker und Zitronensaft würzen.
4. Die Pilzmasse bei starker Hitze rasch einkochen, dabei öfters umrühren. Sobald sie zu braten beginnt, die Pfanne vom Feuer nehmen.
5. Pflaumen und Aprikosen in große Würfel schneiden und zusammen mit Pinienkernen, Rosinen, Senf, Pilzmasse und Ei zum Brät geben.
6. Die Schinkenscheiben auf einem Pergamentpapier leicht überlappend zu einem Rechteck (30 x 25 cm) legen. Die Füllung der Länge nach darauf legen und den Schinken mit Hilfe des Papiers um die Füllung schlagen.
7. Etwas Blätterteig für Verzierungen beiseite legen. Den restlichen Blätterteig auf einer mit Mehl bestäubten Arbeitsfläche rechteckig ausrollen. Die Schinkenrolle in die Mitte setzen. Den Rand des Teiges etwas flachdrücken, mit Ei bestreichen und die Roulade im Teig einrollen. Die Roulade mit dem Verschluß nach unten auf das kalt abgespülte Blech legen. Sie mit Eigelb bepinseln und mit einer Gabel einige Male einstechen.
8. Vom restlichen Teig für die Verzierungen schmale Streifen ausradeln, diese gitterartig auf die Roulade legen und ebenfalls mit Eigelb bepinseln. Die Roulade etwa ½ Stunde ruhen lassen. In der Zwischenzeit den Backofen auf 200°C vorheizen.
9. Die Champignonroulade etwa 50 Minuten backen. Beim Servieren in 1½ cm dicke schräge Scheiben schneiden.

(Ergibt ca. 8 Portionen)

## Klostertorte

Zubereitungszeit: ca. ¾ Stunden
Kühlzeit: ca. 1 Stunde
Marinierzeit: ca. 1 Stunde
Backzeit: ca. ¾ Stunden

**Sie benötigen für eine Springform von 22 cm ø:**

| |
|---|
| 500 g geriebenen Teig (siehe Seite 126) |
| 800 g Hähnchenbrustfleisch |
| weißen Pfeffer aus der Mühle |
| Salz |
| ½ TL frisch gehackten Salbei |
| 100 ml Cognac |
| 200 g gekochten Schinken |
| 400 g Schweinehackfleisch |
| 2 EL scharfen Senf |
| 2 Eier, 1 große Zwiebel |
| 1 EL gehackte Petersilie |
| 1 TL Majoran |
| 2 EL Butter |
| 2 Eigelb zum Bestreichen |
| 1 Päckchen gemahlene Gelatine (Sülzpulver) |

**So wird's gemacht:**

1. Den Teig zubereiten und kühlen.
2. In der Zwischenzeit das Hähnchenfleisch in Streifen schneiden. Etwa 300 g mit Pfeffer, wenig Salz und Salbei würzen und mit Cognac begießen. Die marinierten Streifen zugedeckt etwa 1 Stunde kühl stellen.
3. Die restlichen Hähnchenfleischstreifen zusammen mit dem Schinken durch den Fleischwolf drehen.
4. Die Masse mit Hackfleisch, Senf und Eiern gut mischen.
5. Die Zwiebel schälen und fein würfeln. Die Petersilie, den Majoran und die Zwiebel in der Butter in etwa 5 Minuten glasig dünsten.
6. Die Zwiebeln zur Fleischmasse geben. Den Cognac von den Hähnchenstreifen abgießen und unter die Fleischmasse rühren.
7. Den Backofen auf 200°C vorheizen. Den Boden einer Springform mit Backpapier belegen. Den Teig auf einer mit Mehl bestäubten Arbeitsfläche etwa 4 mm dick ausrollen. Ein rundes Stück von 26 cm ø ausschneiden. Den Springformrand mit einem Teigstreifen bedecken. Dann das runde Stück einsetzen und mit einer Gabel mehrmals einstechen. Einen Kreis von 26 cm ø für den Deckel ausradeln.
8. Die Hälfte der Fleischmasse auf den Teigboden geben. Die Brustfiletstreifen darauf verteilen. Sie mit dem restlichen Hackfleisch bedecken und alles gut andrücken.
9. In der Mitte des Teigdeckels ein Luftloch von etwa 3 cm ø ausstechen. Den Teigrand auf das Fleisch zurückschlagen, mit Eigelb bestreichen, den Deckel darauf setzen.
10. Die Oberfläche der Torte mit Eigelb bestreichen. Die Torte etwa ¾ Stunden backen. Nach 20 Minuten mit Aluminiumfolie abdecken.
11. Die Gelatine nach Vorschrift auf der Packung mit Wasser zubereiten. Nach dem Erkalten der Pastete den Hohlraum mit der kalten, aber noch flüssigen Sülze auffüllen. Die Pastete im Kühlschrank erstarren lassen.

(Ergibt 12 Stück)

## Profiteroles mit Lachsmousse

Zubereitungszeit: ca. 35 Minuten
Backzeit: ca. 10 Minuten

**Sie benötigen für ca. 20 Stück:**
450 g Brandmasse, ohne Zucker zubereitet (siehe Seite 134)

**Für die Füllung:**
2 Blätter Gelatine
200 g Räucherlachs
250 g süße Sahne
Pfeffer aus der Mühle
Salz

**So wird's gemacht:**
**1.** Die Brandmasse zubereiten. Dann den Backofen auf 200°C vorheizen.
**2.** Ein großes Blech mit Backpapier auslegen. Die Brandmasse in einen Spritzbeutel füllen und nußgroße Kugeln auf das Blech spritzen.
**3.** Die Windbeutel etwa 10 Minuten backen (den Backofen während dieser Zeit nicht öffnen!), sie anschließend erkalten lassen.
**4.** Die Gelatine in kaltem Wasser einweichen. Den Räucherlachs kleinschneiden, im Mixer pürieren und dann durch ein feines Sieb in eine Schüssel streichen.
**5.** Die Gelatineblätter anschließend gut ausdrücken, in 1 bis 2 Eßlöffeln heißem Wasser auflösen und unter das Räucherlachspüree mischen. Dies kühl stellen, bis die Masse leicht anzieht (dauert etwa 20 Minuten).
**6.** Die Sahne steifschlagen und unter die Masse ziehen. Sie nach Bedarf mit Pfeffer und sehr wenig Salz nachwürzen. (Der Lachs ist bereits gesalzen.)
**7.** Die Masse in einen Spritzbeutel füllen und in die Profiteroles spritzen.
(Auf dem Foto: links)

### Tips
● Man kann die Windbeutel auf zwei Arten füllen: Die Windbeutel aufschneiden, die Masse in einen Spritzsack geben und auf die untere Hälfte spritzen. Die Deckel wieder darauf setzen. Will man sie nicht am Tisch als Vorspeise, sondern zum Aperitif reichen, macht man die Teigkugeln viel kleiner, sticht sie auf der Unterseite mit einem Messer leicht ein und füllt sie dann ebenfalls mit dem Spritzsack. Sie können auf diese Weise von Hand besser gegessen werden, ohne daß die Füllung herausquillt.

● Wenn die Windbeutel sofort nach dem Füllen serviert werden, kann man auf Gelatine verzichten.

### Variation
Anstelle von Räucherlachs können auch geräucherte Forellenfilets verwendet werden. In diesem Fall 1 Eßlöffel frisch gehackten Estragon oder Dill zufügen.

## Vollkornéclairs mit Käsefüllung

Zubereitungszeit: ca. ¾ Stunden
Backzeit: ca. 20 Minuten

**Sie benötigen für ca. 10 Stück:**

350 g Vollkornbrandmasse
(siehe Seite 135)
150 g Gorgonzola
100 g Speisequark
1 EL geriebenen Hartkäse
Salz
weißen Pfeffer aus der Mühle
1½ EL feingeschnittenen
Schnittlauch

**So wird's gemacht:**
1. Die Brandmasse zubereiten. Dann den Backofen auf 200°C vorheizen.
2. Ein Backblech mit Backpapier belegen. Die Brandmasse in einen Spritzbeutel mit Sterntülle füllen und zehn Eclairs auf das Blech spritzen.
3. Die Eclairs etwa 20 Minuten backen.
4. Den Gorgonzola und den Quark durch ein feines Sieb streichen.
5. Den Hartkäse dazugeben und alles gut verrühren.
6. Die Masse mit Salz und Pfeffer abschmecken und den Schnittlauch daruntermischen.
7. Die Eclairs aufschneiden, die Käsemasse in einen Spritzbeutel füllen und auf die unteren Eclairshälften spritzen. Die Deckel darauf setzen.
(Auf dem Foto: rechts)

### Variationen
● Eclairs können auch mit Frischkäse, Roquefort und Camembert gefüllt werden.
● Rosinen oder feingewürfelte Datteln können unter die Käsefüllung gemischt werden.

# Plätzchen

*Nicht nur zur Weihnachtszeit – denn diese Plätzchen schmecken viel zu gut. Die Palette in diesem Kapitel reicht von butterzarten Sablés bis hin zu Lebkuchen.*

## Mailänderli

Zubereitungszeit: ca. 35 Minuten
Kühlzeit: ca. 2¼ Stunden
Backzeit: ca. 20 Minuten

**Sie benötigen für ca. 40 Stück:**

| |
|---|
| 2 Eier (à ca. 55 g) |
| 125 g Zucker |
| abgeriebene Schale von 1 unbehandelten Zitrone |
| 125 g Butter |
| 250 g Weizenmehl (Type 405) |
| 1 Prise Salz |
| Mehl zum Ausrollen |
| 1 Eigelb zum Bestreichen |

**So wird's gemacht:**
**1.** Die Eier zusammen mit dem Zucker und der Zitronenschale zu einer glatten, weißlichen Creme aufschlagen.
**2.** Die Butter schmelzen lassen, bis sie hellgelb wird. Sie etwas abkühlen lassen und lauwarm unter ständigem Rühren zur Eiercreme geben.
**3.** Das Mehl und das Salz unter die Masse arbeiten und den Teig etwa 2 Stunden kühl ruhen lassen.
**4.** Den Teig auf einer mit Mehl bestäubten Arbeitsfläche 3 bis 4 mm dick ausrollen und beliebige Figuren ausstechen.
**5.** Ein Backblech mit Backpapier belegen und die Mailänderli mit etwas Abstand darauf anordnen.
**6.** Das Eigelb verquirlen. Die Mailänderli dann zweimal damit bestreichen.
**7.** Die Plätzchen etwa ¼ Stunde kühl stellen. In der Zwischenzeit den Backofen auf 160°C vorheizen.
**8.** Die Plätzchen etwa 20 Minuten backen.
(Auf dem Foto: oben links)

## Sablés

Zubereitungszeit: ca. 25 Minuten
Kühlzeit: ca. 1 Stunde
Backzeit: ca. 15 Minuten

**Sie benötigen für ca. 40 Stück:**

| |
|---|
| 150 g weiche Butter |
| 60 g Zucker |
| 1 Prise Salz |
| 1 TL Vanillezucker |
| 200 g Weizenmehl (Type 405) |

**So wird's gemacht:**
**1.** Die Butter schaumig rühren. Nach und nach den Zucker, das Salz und den Vanillezucker dazugeben. Das Mehl darübersieben.
**2.** Alles mit einer Holzkelle zu einem Teig verrühren. Ihn zu einer Kugel formen, in Folie einwickeln und für etwa 1 Stunde kalt stellen.
**3.** Sablés können auf zwei Arten geformt werden:
a) den Teig zu einer Rolle von 3 bis 4 cm Durchmesser formen, diese in Folie wickeln und 1 Stunde in den Kühlschrank stellen. Dann mit einem scharfen Messer 4 mm dicke Plätzchen davon abschneiden.
b) Den Teig auf einer mit Mehl bestäubten Arbeitsplatte etwa 3 mm dick ausrollen und runde oder gezackte Plätzchen von 3 bis 4 cm Durchmesser ausstechen.
**4.** Den Teig vor dem Backen immer 15 bis 20 Minuten kalt stellen. Den Backofen auf 160°C vorheizen.
**5.** Die Sablés in 10 bis 15 Minuten hellgelb backen.
(Auf dem Foto: oben Mitte)

### Tip
Bei diesem zarten Sand- oder Sabléteig darf an Butter nicht gespart werden. Nur so wird das Gebäck so zart, daß es auf der Zunge schmilzt.

## Mandelsterne

1½ EL Mandelblättchen
1½ EL geschälte, geriebene Mandeln
½ Eiweiß
½ Portion Sabléteig
3 EL Puderzucker
½ TL Bittermandelaroma

Die Mandelblättchen in einer trokkenen Bratpfanne unter Rühren hellgelb rösten. Die geriebenen Mandeln zusammen mit dem Eiweiß zum Sabléteig geben. Ihn ausrollen, Sterne ausstechen und diese backen. Den Puderzucker, das Bittermandelaroma und ½ Eßlöffel Wasser gut verrühren, die gebackenen Sterne mit dieser Glasur bestreichen und die gerösteten Mandeln darüberstreuen.
(Auf dem Foto: oben rechts)

## Rumplätzchen

½ Portion Sabléteig
1 EL Rum
50 g Puderzucker
1 EL Rum

Den Rum zum Teig geben. Den Teig ausrollen, Kreise ausstechen und sie etwa ¼ Stunde backen. Den Puderzucker und den Rum verrühren (man kann ihn nach Belieben mit etwas Rote-Bete-Saft oder Himbeersaft rosa färben). Die Ringli mit der Glasur bestreichen.
(Auf dem Foto: unten links)

## Nußplätzchen

50 g ganze geschälte Haselnüsse unter ½ Portion Sabléteig mischen.
(Auf dem Foto: unten rechts)

# Brownies

Zubereitungszeit: ca. 50 Minuten
Backzeit: ca. 20 Minuten

**Sie benötigen für ca. 60 Stück:**
4 Eier
360 g Rohzucker
400 g dunkle Schokolade
90 g Butter
120 g Weizenmehl (Type 405)
160 g geriebene Walnußkerne
halbe Walnußkerne zum Garnieren
dunkle Schokoladenglasur
(Fertigprodukt)

**So wird's gemacht:**
1. Den Backofen auf 170°C vorheizen. Die Eier und den Zucker zu einer sämigen Creme schlagen.
2. Die Schokolade in kleine Stücke brechen. Zusammen mit 4 Eßlöffeln Wasser in ein kleines Pfännchen geben und im Wasserbad schmelzen lassen.
3. Die Butter dazugeben und unter Rühren darin schmelzen.
4. Die Schokoladenmasse zur Eicreme geben. Das Mehl dazusieben und zuletzt die geriebenen Nüsse darunterziehen.
5. Ein rechteckiges Kuchenblech mit Backpapier belegen. Die Masse 2 cm hoch darauf verteilen und glattstreichen.
6. Die Masse etwa 20 Minuten backen. Aus dem Ofen nehmen und ein wenig abkühlen lassen.
7. Den gebackenen Teig noch lauwarm in 3,5 cm große Quadrate schneiden.
8. Die Schokoladenglasur erhitzen und die Brownies mit der Glasur bestreichen. Je einen halben Walnußkern darauf setzen.
(Auf dem Foto: Mitte)

## Tip
Man kann die Glasur weglassen und die Brownies nur mit Puderzucker bestäuben.

# Mandelbögen

Zubereitungszeit: ca. 35 Minuten
Backzeit: ca. 10 Minuten

**Sie benötigen für ca. 35 Stück:**
125 g Puderzucker
2 große Eiweiß
1 Prise Salz
1 Ei
150 g geschälte Mandelsplitter
25 g Mehl

**So wird's gemacht:**
1. Den Puderzucker mit den Eiweißen, dem Salz und dem Ei zu einer glatten, weißlichen Creme aufschlagen.
2. Die Mandelsplitter noch etwas hacken und zusammen mit dem Mehl zur Eimasse geben. Den Backofen auf 200°C vorheizen.
3. Ein bis zwei große Bleche mit Backpapier belegen und mit einem Teelöffel aus der Masse kleine Häufchen abstechen. Sie im Abstand von 2 bis 3 cm auf die Bleche setzen. Ein zusammengefaltetes Tuch auf den Tisch legen und das Blech einige Male aufschlagen, damit sich der Teig auf dem Blech etwas verteilt.
4. Die Plätzchen 8 bis 10 Minuten backen. Darauf achten, daß sie nicht dunkel werden. Eventuell nach halber Backzeit die Hitze auf 130°C reduzieren.
5. Die dünnen, noch warmen Plätzchen auf dem Wellholz halbrund biegen.
(Auf dem Foto: oben)

## Variation
Man kann 1 Eiweiß durch 2 Eßlöffel eingekochten Orangensaft und 1 Teelöffel abgeriebene Orangenschale ersetzen.

# Zimtsterne

Zubereitungszeit: ca. 40 Minuten
Ruhezeit: ca. 3/4 Stunden
Backzeit: ca. 5 Minuten

**Sie benötigen für ca. 50 Sterne:**
2 Eiweiß, 200 g Zucker
300 g ungeschälte,
gemahlene Mandeln
1 EL Zitronensaft oder
Kirschwasser
1–1½ EL Zimtpulver
Zucker oder geriebene Mandeln
zum Ausrollen

**Für die Glasur:**
50 g Puderzucker
1 Eiweiß

**So wird's gemacht:**
1. Die Eiweiße zusammen mit 2 Eßlöffeln Zucker steifschlagen. Den restlichen Zucker hinzufügen und alles etwa 10 Minuten weiterschlagen.
2. Mandeln, Zitronensaft oder Kirschwasser und Zimtpulver unter den Eischnee mischen.
3. Die Masse etwa 1/4 Stunde ruhen lassen. Ein Backblech mit Backpapier belegen.
4. Die Masse auf einer mit dem Zucker oder den geriebenen Mandeln bestreuten Arbeitsfläche oder zwischen zwei Stück Backpapier etwa 1 cm dick ausrollen.
5. Mit einem in heißes Wasser getauchten Ausstecher Sterne ausstechen.
6. Die Sterne auf das Backblech legen und etwa 1/2 Stunde stehen lassen.
7. Den Backofen auf 200°C vorheizen. Für die Glasur den Puderzucker mit dem leicht verquirlten Eiweiß mischen und die Sterne sorgfältig damit bestreichen.
8. Die Sterne auf der mittleren Schiene etwa 5 bis 8 Minuten backen. Sie auskühlen lassen, dann erst vom Papier nehmen.
(Auf dem Foto: unten)

## Weingebäck mit Mandeln

Zubereitungszeit: ca. ¼ Stunde
Kühlzeit: ca. 2 Stunden
Backzeit: ca. 40 Minuten

**Sie benötigen für ca. 70 Plätzchen:**

| |
|---|
| 220 g Weizenmehl (Type 405) |
| 200 g Puderzucker |
| 2 Eier |
| 350 g saure Sahne |
| ½ TL Bittermandelaroma |
| 2 EL Zitronensaft |
| 1 TL abgeriebene Schale von einer unbehandelten Zitrone |
| ⅛ l Weißwein |
| 170 g geschälte, geriebene Mandeln |
| 2 EL geschälte, gehackte Mandeln |

**So wird's gemacht:**
1. Ein Backblech mit Backpapier belegen.
2. Das Mehl sieben. 190 g Puderzucker zusammen mit den Eiern sämig rühren. Die saure Sahne, das Bittermandelaroma, den Zitronensaft und die Zitronenschale sowie den Wein dazugeben.
3. Das Mehl und die geriebenen Mandeln nach und nach unterrühren und die Masse für 2 Stunden kalt stellen.
4. Den Backofen auf 180°C vorheizen. Den Teig auf dem Blech verteilen und mit einem Spachtel glattstreichen.
5. Alles mit dem restlichen Puderzucker bestreuen und die gehackten Mandeln darüber verteilen. Den Teig 35 bis 40 Minuten backen. Nach dem Backen 5 bis 10 Minuten abkühlen lassen.
6. Den Teig mit dem restlichen Puderzucker bestreuen. Aus dem Gebäck kleine Rechtecke von 4 cm Seitenlänge schneiden.

### Tip
Dieses Gebäck kann in einer gut verschlossenen Dose ohne weiteres etwa 14 Tage aufbewahrt werden.

## Gefüllte Amaretti

Zubereitungszeit: ca. 20 Minuten
Backzeit: ca. 40 Minuten

**Sie benötigen für ca. 16 Stück:**

| |
|---|
| 300 g geschälte, geriebene Mandeln |
| 1 TL Bittermandelaroma |
| 300 g Zucker |
| 2 Eiweiß |
| 2 EL Puderzucker |
| 2 EL süße Sahne |
| 70 g Zartbitter-Schokolade |

**So wird's gemacht:**

**1.** Den Backofen auf 100°C vorheizen. Die Mandeln, das Bittermandelaroma, den Zucker und die leicht verquirlten Eiweiße zu einer gleichmäßigen, festen Masse verarbeiten. Ein Backblech mit Backpapier belegen.

**2.** Aus der Masse zwischen den Handballen nußgroße Kugeln formen, diese plattdrücken, auf das Blech setzen und mit Daumen und Zeigefinger seitlich leicht zusammendrücken.

**3.** Die Amaretti mit Puderzucker bestreuen und etwa 20 Minuten bei 100°C und weitere 20 Minuten bei 80°C trocknen lassen.

**4.** In der Zwischenzeit die Sahne erwärmen. Die Schokolade in kleine Stücke brechen, zur Sahne geben und im heißen Wasserbad unter Rühren schmelzen lassen, bis eine dicke Schokoladencreme entsteht.

**5.** Die Amaretti einzeln vom Papier lösen und auf ein Kuchengitter legen. Die Hälfte der Amaretti auf der Bodenseite mit Schokoladencreme bestreichen, die restlichen Amaretti darauf setzen.

**6.** Die zusammengesetzten Amaretti an den zwei Enden ein wenig in die Schokoladencreme tauchen, sie dann auf einem Gitter ruhen lassen, bis die Schokoladenglasur fest wird.

### Tips

● Diese selbstgemachten Amaretti sind hervorragend im Geschmack, sehen aber sehr hell aus. Man kann der Masse nach Belieben ein wenig Kakaopulver beifügen, damit sie dunkler werden.

● Raffiniert ist auch die Zugabe von 1 Eßlöffel Marsala. Allerdings muß man dann eventuell etwas weniger Eiweiß verwenden, damit die Masse nicht zu flüssig wird.

## Schwarzweißgebäck

Zubereitungszeit: ca. ½ Stunde
Kühlzeit: ca. 1 Stunde
Backzeit: ca. 10 Minuten

**Sie benötigen für ca. 40 Stück:**
| |
|---|
| 300 g Weizenmehl (Type 405) |
| 1 Prise Salz |
| 200 g kalte Butter |
| 100 g Puderzucker |
| 1 Ei, 1 kleines Eiweiß |
| 20 g Kakaopulver |
| Mehl zum Ausrollen |

**So wird's gemacht:**
**1.** Das Mehl zusammen mit dem Salz auf eine Arbeitsfläche sieben. In der Mitte eine Vertiefung anbringen.
**2.** Die Butter in kleine Stücke schneiden. Zusammen mit dem Puderzucker zum Mehl geben. Alles mit den Fingerspitzen rasch zu Bröseln verreiben. Das Ei verquirlen, zu den Bröseln geben und den Teig leicht zusammenkneten.
**3.** Den Teig halbieren. Unter die eine Hälfte den Kakao kneten. Die Teige leicht kühlen. Aus den hellen und dunklen Teigen lassen sich verschiedene Muster formen (siehe unten). Die Plätzchen bei 180°C etwa 10 Minuten backen.

## Rumringe

Den hellen Teig auf einer mit Mehl bestäubten Arbeitsfläche 4 mm dick ausrollen und Kreise ausstechen. Die Hälfte der Kreise in der Mitte rund ausstechen, so daß Ringe entstehen. Die Plätzchen etwa 10 Minuten bei 180°C bakken. Aprikosenkonfitüre mit wenig Rum mischen. Die Plätzchen damit bestreichen und die Ringe darauf setzen. Jeweils dunkle Ringe auf helle Kreise kleben oder umgekehrt. Die Plätzchen mit Puderzucker bestreuen.

## Spitzbuben

Zubereitungszeit: ca. 35 Minuten
Kühlzeit: ca. 1 Stunde
Backzeit: ca. ¼ Stunde

**Sie benötigen für ca. 40 Stück:**
| |
|---|
| 200 g Butter |
| 125 g Zucker |
| 300 g Weizenmehl (Type 405) |
| 1 Prise Salz |
| 1 TL abgeriebene Schale von einer unbehandelten Zitrone |
| 1 TL Zitronensaft |
| Mehl zum Ausrollen |
| etwas Johannisbeer-, Himbeer- oder Aprikosenkonfitüre |
| Puderzucker zum Bestäuben |

**So wird's gemacht:**
**1.** Die Butter zusammen mit dem Zucker in einer vorgewärmten Schüssel schaumig rühren. Das Mehl darübersieben, Salz und Zitronenschale dazugeben.
**2.** Alle Zutaten mit den Fingerspitzen zu feinen Krümeln verreiben. Den Zitronensaft dazugeben und alles rasch zu einem Teigballen formen. Den Teig nicht kneten, damit er nicht hart wird. Ihn für etwa 1 Stunde kühl stellen.
**3.** Den Backofen auf 150°C vorheizen. Den Teig auf einer mit Mehl bestäubten Arbeitsfläche etwas 2 mm dick ausrollen. Runde Plätzchen ausstechen und aus der Hälfte der Plätzchen kleine Fensterchen ausstechen.
**4.** Ein Backblech mit Backpapier belegen, die Plätzchen darauf legen und etwa ¼ Stunde backen. Sie dürfen nur hellgelb sein.
**5.** Die Plätzchen ohne Öffnungen mit der Konfitüre bestreichen, die anderen darauf setzen. Alles mit Puderzucker bestäuben.

### Tip
Die Fensterchen können mit einer glatten Tülle angebracht werden.

## Schachbrettmuster

Die Hälfte des dunklen Teiges auf einer mit Mehl bestäubten Arbeitsfläche etwa 1 cm dick ausrollen und in 2 cm breite und etwa 10 cm lange Streifen schneiden. Aus dem hellen Teig ebenfalls solche Streifen schneiden. Zwei helle und einen dunklen Streifen seitlich mit Eiweiß bepinseln und zusammenkleben. Eine zweite und dritte Lage ebenfalls befeuchten und versetzt darauf legen (Schachbrettmuster). Nach Belieben den restlichen hellen oder dunklen Teig etwa 1 cm dick ausrollen. Die vorbereiteten Blöcke mit dem Teig umwickeln und kühl stellen, bis sie ganz fest sind (eventuell leicht anfrieren). Die Stangen in 5 bis 6 mm dicke Scheiben schneiden, auf ein gefettetes Blech legen und die Scheiben etwa 10 Minuten bei 180°C backen.

## Spiralen

Auf einer mit Mehl bestäubten Arbeitsfläche eine helle und eine dunkle Teigplatte von etwa 3 mm Dicke ausrollen und in zwei gleich große Rechtecke schneiden. Die Teigstücke mit leicht verquirltem Eiweiß bestreichen. Den dunklen Teig auf den hellen Teig legen und das Ganze aufrollen. Die Roulade für 1 bis 2 Stunden in den Kühlschrank legen oder leicht anfrieren. Sie dann in 5 bis 6 mm dicke Scheiben schneiden. Die Plätzchen 10 bis 12 Minuten bei 180°C im Ofen backen.

## Zweifarbige Herzen

Die Teige kühlen. Auf einer mit Mehl bestäubten Arbeitsfläche eine helle und eine dunkle Teigplatte etwa 5 bis 6 mm dick aufrollen. Die Platten in breite Streifen schneiden und je einen hellen und einen dunklen Streifen seitlich mit leicht verquirltem Eiweiß bestreichen. Die Streifen zusammenfügen und zweifarbige Herzen ausstechen. Die Herzen vor dem Backen noch mal kurz kühl stellen.
Oder: Große helle oder dunkle Herzen ausstechen und andersfarbige kleine Herzen darauf kleben. Die Plätzchen etwa 10 bis 12 Minuten bei 180°C backen. Aus den Teigresten kann man auch einfarbige Herzen backen und diese nach dem Backen mit beliebiger Glasur überziehen und mit Silberperlen oder Zuckerkügelchen bestreuen.

## Makronen

Zubereitungszeit: ca. 25 Minuten
Backzeit: ca. 2 Minuten

**Sie benötigen für ca. 30 Stück:**
130 g Zucker
1 Päckchen Vanillezucker
3 Eiweiß
1 Prise Salz
5 Tropfen Bittermandelaroma
250 g geriebene Haselnüsse,
Mandeln, Walnüsse oder
Pinienkerne

**Zum Garnieren:**
Geschälte Mandeln, Haselnüsse,
Walnußkerne oder Pinienkerne

**So wird's gemacht:**
1. Den Backofen auf 160°C vorheizen. Den Zucker und den Vanillezucker mischen. Die Eiweiße zusammen mit dem Salz schlagen. Sobald sie halbsteif sind, den Zucker löffelweise hinzugeben und weiterschlagen, bis ein steifer Schnee entstanden ist.
2. Das Bittermandelaroma dazugeben. Die Nüsse sorgfältig unter den Eischnee ziehen.
3. Ein großes Kuchenblech mit Backpapier belegen. Mit zwei Teelöffeln kleine Teighäufchen formen und sie auf das Blech legen. Dabei etwa 2 cm Abstand halten.
4. Zum Garnieren Mandeln, Haselnüsse, Walnußkerne oder Pinienkerne auf die Makronen setzen. Die Makronen etwa 12 Minuten backen.
(Auf dem Foto: links)

### Variation
Nach Belieben 3 Eßlöffel gesüßtes Schokoladenpulver unter die Masse ziehen.

## Kokosmakronen

Anstelle von Nüssen 200 g Kokosflocken unter den Eischnee ziehen. Den Vanillezucker durch 1 Eßlöffel Rum ersetzen und 1 Teelöffel Honig dazufügen.

## Marzipanmakronen

Nur 50 g gemahlene Nüsse verwenden und 200 g feingehacktes Rohmarzipan mit 2 verquirlten Eiweißen mischen. Wenn nötig noch etwas Nüsse dazugeben. 2 Eßlöffel feingehacktes Orangeat oder Zitronat unter die Masse rühren. Sie in einen Spritzbeutel mit gezackter Tülle füllen und schneckenförmige Häufchen auf das Backblech spritzen.

## Zitronenwürfel

Zubereitungszeit: ca. ¼ Stunde
Backzeit: ca. ½ Stunde

**Sie benötigen für ca. 30 Stück:**
120 g geriebene Mandeln
80 g Zucker
50 g feingehacktes Zitronat
½ TL abgeriebene Schale von einer unbehandelten Zitrone
1 Ei

**Für die Glasur:**
8 EL Puderzucker
2 EL Zitronensaft

**So wird's gemacht:**
1. Den Backofen auf 120°C vorheizen. Mandeln, Zucker, Zitronat, Zitronenschale und verquirltes Ei gut mischen und zu einem festen Teig zusammenfügen.
2. Ein Backblech mit Backpapier belegen. Die Masse 1 cm hoch darauf verteilen, glattstreichen und etwa ½ Stunde backen.
3. Die Masse sofort nach dem Backen in 3 cm große Quadrate schneiden.
4. Den Puderzucker und den Zitronensaft verrühren. Die noch warmen Würfel damit bestreichen.
(Auf dem Foto: oben)

## Katzenzungen

Zubereitungszeit: ca. 20 Minuten
Backzeit: ca. 10 Minuten

**Sie benötigen für ca. 40 Stück:**

| | |
|---|---|
| 1 Vanilleschote | |
| 70 g Zucker | |
| 2 Eiweiß | |
| 60 g weiche Butter | |
| 130 g Weizenmehl (Type 405) | |

**So wird's gemacht:**
1. Den Backofen auf 200°C vorheizen. Die Vanilleschote längs aufschlitzen und das Mark unter den Zucker mischen.
2. Die Eiweiße in eine leicht vorgewärmte Schüssel geben und gut verrühren. Die Schüssel in ein Wasserbad von maximal 50°C stellen und die Eiweiße so lange weiterrühren, bis sie erwärmt sind.
3. Die Butter schaumig schlagen.
4. Die Butter und den Zucker gut mischen. Die Eiweiße nach und nach unterrühren, bis die Masse ganz glatt ist.
5. Das Mehl darübersieben. Alles sehr rasch mischen, ohne die Masse zu stark zu bearbeiten.
6. Ein Backblech mit Backpapier belegen. Den Teig in einen Spritzbeutel mit glatter Tülle von ½ cm ø füllen. Kleine Teigstreifen von 5 bis 6 cm Länge auf das Blech spritzen, dabei Zwischenräume belassen, da der Teig leicht zerfließt.
7. Die Katzenzungen 8 bis 10 Minuten backen.
(Auf dem Foto: rechts)

**Tips**
● Butter und Eiweiße müssen Zimmertemperatur haben, sonst gelingen die Katzenzungen nicht.
● Die Katzenzungen unbedingt in einer luftdicht verschlossenen Blech- oder Plastikdose aufbewahren, damit sie nicht weich werden.
● Aus diesem Teig lassen sich auch Hippen formen.
● Der Teig eignet sich zum Herstellen von runden Plätzchen (mit einer größeren Tülle große Tupfen auf das Blech spritzen). Die gebackenen Kreise noch warm auf einem Wellholz ziegelförmig formen. Nach Belieben mit Schokoladenglasur bestreichen.
● Der Teig eignet sich auch zum Formen von Teigtulpen, die nach Belieben unmittelbar vor dem Garnieren mit Früchten, Cremes oder Sorbets gefüllt werden können.

## Gefüllte Katzenzungen

Je zwei Katzenzungen mit Konfitüre oder mit Schokoladenbuttercreme bestreichen und zusammensetzen.

## Elisenlebkuchen

Zubereitungszeit: ca. 35 Minuten
Quellzeit: ca. 1 Stunde
Backzeit: ca. 20 Minuten

### Sie benötigen für ca. 35 Stück:
| |
|---|
| 250 g Mandeln oder Haselnüsse |
| 125 g Zitronat |
| 75 g Orangeat |
| 150 g Zwieback |
| 3 Eier |
| 250 g Rohzucker |
| 120 g Weizenmehl (Type 405) |
| 1 TL Backpulver |
| ½ TL abgeriebene Schale von einer unbehandelten Zitrone |
| je 1 Msp. Nelken-, Piment- und Kardamompulver |
| 1 TL Zimtpulver |
| 1 EL Rum |
| ca. 35 runde Oblaten von 8–10 cm ⌀ oder große, rechteckige Oblaten |

### Für die Rumglasur:
| |
|---|
| 100 g Puderzucker |
| 2 EL Rum |

### So wird's gemacht:
1. Die Mandeln oder die Haselnüsse und das Zitronat sowie das Orangeat fein hacken. Den Zwieback fein reiben.
2. Die Eier zusammen mit dem Zucker sehr schaumig rühren. Das Mehl und das Backpulver mischen und über die Eicreme sieben. Alles gut verarbeiten.
3. Die Mandeln oder die Haselnüsse, das Orangeat, das Zitronat, die Zitronenschale, die Gewürze, den Rum und den Zwieback dazugeben.
4. Alles zu einem festen Teig verrühren. Nach Bedarf eventuell noch etwas Zwiebackmehl dazugeben. Der Teig soll weich, aber nicht flüssig sein. Den Teig anschließend bei Küchentemperatur etwa 1 Stunde quellen lassen.
5. Ein großes Backblech mit den Oblaten belegen. Den Backofen auf 160°C vorheizen. Von der Teigmasse runde Häufchen von 6 bis 7 cm Durchmesser und etwa 1 cm Höhe auf die Oblaten setzen.
6. Die Lebkuchen in 15 bis 20 Minuten hellbraun backen.
7. Die Lebkuchen anschließend erkalten lassen. Den Puderzucker mit dem Rum verrühren und die Lebkuchen damit bestreichen.
(Auf dem Foto: oben)

### Tip
Zur Probe zuerst nur einen Lebkuchen backen, damit sich zeigt, ob die Masse fest genug ist. Wenn die Lebkuchen zu stark verlaufen, noch etwas Zwiebackmehl zum Teig geben.

### Variation
Die Lebkuchen können auch mit Schokoladenglasur oder Zitronenglasur (anstelle des Rums Zitronensaft nehmen) bestrichen werden.

## Pfefferkuchen

Zubereitungszeit: ca. 20 Minuten
Backzeit: ca. ¼ Stunde

### Sie benötigen für ca. 60 Stück:
| |
|---|
| 350 g Zucker |
| 4 Eier |
| 500 g Weizenmehl (Type 405) |
| 1 TL Zimtpulver |
| je 1 Msp. gemahlenen Pfeffer, Ingwerpulver, geriebene Muskatnuß und Nelkenpulver |
| 1 EL Zitronensaft |
| 1 EL abgeriebene Schale von einer unbehandelten Zitrone |
| 150 g geschälte, geriebene Mandeln |
| Mehl zum Ausrollen |

### So wird's gemacht:
1. Den Zucker und die Eier schaumig rühren.
2. Das Mehl darübersieben und die übrigen Zutaten dazugeben. Alles rasch zu einem Teig kneten.
3. Den Backofen auf 180°C vorheizen. Den Teig auf einer mit Mehl bestäubten Arbeitsfläche etwa 2 mm dick ausrollen.
4. Runde Plätzchen von etwa 6 cm ⌀ ausstechen, sie zu kleinen Kugeln formen und etwas plattdrücken.
5. Die Plätzchen auf ein mit Backpapier belegtes Blech legen und etwa ¼ Stunde backen.
(Auf dem Foto: unten)

# Grundrezepte

*Wer sich das erste Mal an einen Kuchen oder an einen bestimmten Teig wagt oder wer Fragen zur Konsistenz des Teiges oder zu bestimmten Techniken beim Backen hat, sollte in dieses Kapitel sehen. Hier wird ausführlich beschrieben, wie die Grundteige oder Cremes zubereitet werden und auf was besonders geachtet werden muß.*

## Hefeteig

Dies ist ein vielseitig verwendbarer Teig, aus dem man einfache Hefekuchen mit und ohne Obst, Brioche, zartes Plundergebäck und vieles mehr backen kann. Hefeteig wird entweder mit kalter oder mit warmer Führung zubereitet. Während der Gärung vermehren sich die Hefezellen und wandeln dabei den Zucker um. Es entsteht unter anderem Kohlendioxid, das den Teig nach oben treibt und für die Luftigkeit des Gebäcks sorgt.
Bei der kalten Führung läßt man den Teig im Kühlschrank gehen. Bei der warmen Führung geht der Teig bei Küchentemperatur. Hefeteige können sowohl mit frischer Hefe als auch mit Trockenhefe zubereitet werden. Der Kenner und Feinschmecker wird jedoch der frischen Hefe den Vorzug geben. Im folgenden zeigen wir die warme Führung. Die kalte Führung finden Sie bei den Plunderhörnchen (Seite 75).

### Grundrezept

Zubereitungszeit: ca. ½ Stunde
Gehzeit: ca. 1¼ Stunden

| Sie benötigen für 1 kg Teig: (eine Kastenform mit 1,8 l Inhalt) |
|---|
| ¼ l Milch |
| 500 g Weizenmehl (Type 405) |
| 35 g frische Hefe |
| 70 g Butter |
| 50 g Zucker, 1 Prise Salz |
| 1 Ei, 1 Eigelb |

**So wird's gemacht:**
**1.** Die Milch leicht erwärmen, sie darf nur lauwarm sein.
**2.** Das Mehl in eine Schüssel sieben. In die Mitte eine Vertiefung drücken, die Hefe hineinbröckeln.
**3.** Die lauwarme Milch in die Vertiefung gießen und mit einem Holzlöffel rühren, bis sich die Hefe aufgelöst hat. Dabei etwas Mehl darunterrühren.
**4.** Diesen Vorteig dünn mit Mehl bestäuben. Die Schüssel mit einem Tuch abdecken und den Vorteig bei Küchentemperatur 20 bis 25 Minuten gehen lassen. An der Teigoberfläche müssen sich deutlich Risse zeigen.

**5.** Die Butter schmelzen lassen, bis sie handwarm ist. Den Zucker, das Salz, das Ei und das Eigelb unter die Butter mischen.
**6.** Die Butter-Ei-Mischung zum Vorteig geben und alles mit einem Holzlöffel oder mit der Hand zusammenarbeiten.
**7.** Den Teig mit der Hand schlagen, bis er sich von der Schüssel löst, glatt und trocken ist. (Ist der Teig zu fest, noch etwas Milch hinzufügen, ist er zu weich, etwas Mehl dazugeben.)

**8.** Den Hefeteig zu einer Kugel formen, mit wenig Mehl bestäuben, die Schüssel mit einem Tuch zudecken und den Teig bei Küchentemperatur nochmals 20 bis 25 Minuten gehen lassen.
**9.** Nach dem Gehen sollte der Teig sein Volumen etwa verdoppelt haben. Besonders locker und feinporig wird der Teig, wenn man ihn nun noch mal zusammenschlägt und nochmals gehen läßt.

**So wird ein Kastenkuchen gebacken:**
**1.** Den Backofen auf 220°C vorheizen. Eine Kastenform mit 1,8 l Inhalt ausbuttern, den Hefeteig hineingeben und nochmals gehen lassen, bis sich das Teigvolumen annähernd verdoppelt hat.
**2.** Eine Schere in kaltes Wasser tauchen und den Hefeteig längs aufschneiden. Den Kuchen auf der untersten Schiene 35 bis 40 Minuten (Stäbchenprobe siehe Seite 122) backen.
**3.** Den Kuchen etwas abkühlen lassen, aus der Form nehmen.

### Variationen der Teigmenge

| Sie benötigen für ca. 300 g Hefeteig: |
|---|
| 80 ml Milch |
| 190 g Weizenmehl (Type 405) |
| 15 g frische Hefe |
| 30 g Butter |
| 15 g Zucker, 1 Prise Salz |
| 1 Eigelb |

| Sie benötigen für ca. 500 g Hefeteig: |
|---|
| 100 ml Milch |
| 250 g Weizenmehl (Type 405) |
| 20 g frische Hefe |
| 35 g Butter |
| 25 g Zucker, 1 Prise Salz |
| 1 kleines Ei |

| Sie benötigen für ca. 750 g Hefeteig: |
|---|
| 160 ml Milch |
| 400 g Weizenmehl (Type 405) |
| 30 g frische Hefe |
| 60 g Butter |
| 40 g Zucker, 1 Prise Salz |
| 1 Ei |

## *Flechten und formen*

**Zopf mit drei Strängen**
**1.** Die Arbeitsfläche dünn mit Mehl bestäuben. Den Hefeteig in drei gleich große Stücke teilen.
**2.** Die Teigstücke zu gleich dicken Strängen rollen.
**3.** Die Stränge an einem Ende zusammendrücken und so hinlegen, daß zwei Stränge rechts und ein Strang links liegen.

**4.** Nun den rechten Strang über den mittleren Strang legen.

**5.** Dann den linken Strang über den nun in der Mitte liegenden Strang legen.

**6.** Dann wieder den rechten über den in der Mitte liegenden usw.
**7.** Die Stränge am Ende wieder zusammendrücken.

**Krawattenknoten**
**1.** Den Teig so zu Strängen formen, daß sich an jedem Ende eine Kugel befindet.
**2.** Den Strang u-förmig zusammenlegen, so daß sich beide Kugeln auf der gleichen Höhe befinden.

**3.** Die U-Schlaufe so umlegen, daß zwei Schlaufen entstehen.

**4.** Die Kugeln durch die entstandenen Schlaufenöffnungen führen und mit den Kugeln nach oben auf ein Blech setzen.

**Einstrangzopf**
**1.** Den Teig zu etwa 40 cm langen Strängen ausrollen.
**2.** Die Stränge zu Schlaufen mit einem verlängerten Strangende auslegen.

**3.** Das verlängerte Strangende von unten einmal durch die Schlaufe ziehen.

**4.** Die Schlaufe nach rechts drehen und das Strangende von unten einziehen.

## Rührkuchenmasse

Butter, Zucker, Eier und Mehl wiegen fast das gleiche, man spricht deshalb hier auch vom Gleichschwer-Kuchen. Den Zuckeranteil kann man etwas niedriger halten, er läßt sich aber nicht beliebig reduzieren, da sonst das Volumen der cremigen Butter, aber auch das des Eischnees und dessen Festigkeit beeinträchtigt würde.

## Grundrezept

Zubereitungszeit: ca. 35 Minuten

**Sie benötigen für eine Kastenform von ca. 2 l Inhalt:**
350 g weiche Butter
250 g Zucker
1 Päckchen Vanillezucker
1 Prise Salz
½ EL abgeriebene Schale von einer unbehandelten Zitrone
6–7 Eier (ca. 350 g mit der Schale gewogen)
350 g Weizenmehl (Type 405)
6 cl Weinbrand

**So wird's gemacht:**
**1.** Die Butter und die Hälfte des Zuckers, den Vanillezucker, das Salz und die Zitronenschale in eine Schüssel geben. Alles mit dem Handrührgerät oder in der Küchenmaschine so lange schaumig rühren, bis die Butter weiß ist.

**2.** Die Eier in Eigelb und Eiweiß trennen. Die Eigelbe einzeln unter die Butter-Zucker-Masse rühren, damit sie nicht gerinnt.

**3.** Das Mehl sieben und löffelweise mit dem Holzlöffel oder dem Knethaken unter die Masse rühren. Weinbrand unterrühren.
**4.** Die Eiweiße in einen fettfreien Schneekessel geben und mit dem Schneebesen schlagen, bis sie weiß werden. Nach und nach den restlichen Zucker einrieseln lassen und die Eiweiße steifschlagen.

**5.** Den Einschnee in kleinen Mengen mit einem Holzlöffel oder Gummispachtel unter die Rührkuchenmasse ziehen. Der Teig muß schwer vom Löffel fallen.

**So wird ein Kastenkuchen gebacken:**
**1.** Eine Kastenform von 2 l Inhalt lückenlos mit Butter ausstreichen und dünn mit Mehl ausstäuben. (Weißblechformen mit Backpapier auslegen.) Die Form mit der Öffnung nach unten leicht auf einen Tisch schlagen und das überschüssige Mehl entfernen.
**2.** Die Rührkuchenmasse in die Form füllen. Den Kuchen auf der untersten Schiene etwa 1 Stunde backen. Sollte die Kuchenoberfläche zu dunkel werden, sie mit Pergamentpapier abdecken.
**3.** Nach der Backzeit den Kuchen in der Mitte mit einem Holzspieß bis zum Boden durchstechen. Bleibt am Holz noch feuchte Masse hängen, muß weitergebakken werden. Bleibt der Spieß trocken, ist der Kuchen fertig **(Stäbchenprobe!)**.

**4.** Den fertigen Kuchen aus dem Ofen nehmen und etwa 10 Minuten in der Form stehen lassen. Mit einem schmalen, spitzen Messer den Kuchen vom Rand lösen.

**5.** Den Kuchen vorsichtig aus der Form gleiten und mit dem Boden nach unten auf einem Gitter auskühlen lassen. Der Kuchen sollte vor dem Aufschneiden mindestens 1½ Stunden ruhen.
**(Ergibt 15 bis 20 Stück)**

*Tips*
- Je gründlicher Butter und Zucker verrührt werden, desto besser. Aber, nachdem das Mehl dazugegeben wurde, macht zu langes Rühren den Kuchen zäh.
- Alle Zutaten für die Rührkuchenmasse sollten Küchentemperatur haben. Sind die Eier zu kalt, kann die Butter gerinnen, sobald die Eigelbe untergerührt werden.

Wenn das passiert, die Schüssel in warmes Wasser stellen, einen Löffel Mehl dazugeben und die Masse so lange rühren, bis sie wieder glatt ist.
- Übriggebliebener Rührkuchen zu Bröseln verarbeiten und zum Ausstreuen von Backformen verwenden. Reste können auch sehr gut als Füllung für Punschtorten genommen werden.
- Einfacher und sicherer gelingen Rührteige, die ein wenig Backpulver haben (siehe Seite 30), aber ohne Backpulver schmecken Rührkuchen feiner.

## *Variationen der Teigmenge*

**Sie benötigen für eine Kastenform von ca. 1 l Inhalt:**

| |
|---|
| 175 g Butter |
| 125 g Zucker |
| ½ Päckchen Vanillezucker |
| 1 Prise Salz |
| 1 TL abgeriebene Schale von einer unbehandelten Zitrone |
| 3 Eier (175 g mit der Schale gewogen) |
| 175 g Weizenmehl (Type 405) |
| 3 cl Weinbrand |

**Sie benötigen für eine Kastenform von ca. 1,5 l Inhalt:**

| |
|---|
| 260 g Butter |
| 180 g Zucker |
| 1 Päckchen Vanillezucker |
| 1 Prise Salz |
| 1½ TL abgeriebene Schale von einer unbehandelten Zitrone |
| 4–5 Eier (260 g mit der Schale gewogen) |
| 260 g Weizenmehl (Type 405) |
| 4 cl Weinbrand |

## *Vollkornrührkuchenmasse*

Vollkornmehl enthält viel mehr Ballaststoffe als das Weizenmehl Type 405. Da Ballaststoffe Flüssigkeit aufsaugen, kann es sein, daß man etwas mehr Flüssigkeit als angegeben braucht. Achten Sie darauf, daß die Masse schwer reißend vom Löffel fällt, sonst noch etwas Milch dazugeben.

**Sie benötigen für eine Kastenform von ca. 1,5 l Inhalt:**

| |
|---|
| 250 g weiche Butter oder Margarine |
| 150 g Rohrzucker |
| 1 Prise Salz |
| etwas abgeriebene Schale von einer unbehandelten Zitrone |
| 5 Eier |
| 250 g frisch gemahlenes, feines Weizenvollkornmehl |
| 200 ml lauwarme Milch |

Aus den Zutaten eine Rührkuchenmasse wie beschrieben zubereiten und einen Kuchen backen.

## Mürbeteig

Zu den Mürbeteigen zählt nicht nur der bekannte 1-2-3-Teig (1 Teil Zucker, 2 Teile Fett und 3 Teile Mehl), sondern auch der geriebene Teig, der von Schweizern und Franzosen als „Pâte brisée" bezeichnet wird. Auch der englische Pieteig und der Quark-Öl-Teig gehören zu den Mürbeteigen. Mürbeteig kann mit der Hand geknetet, mit dem Handrührgerät oder in der Küchenmaschine zubereitet werden. Gebackener Mürbeteig kann eingefroren werden, man sollte ihn vor dem Verzehr aber aufbacken.

## Grundrezept

Zubereitungszeit: ca. 25 Minuten

**Sie benötigen für ca. 600 g Teig (eine Obstbodenform von 26 cm ø):**

| |
|---|
| 300 g Weizenmehl (Type 405) |
| 200 g weiche Butter |
| 70 g Kristall- oder Puderzucker |
| 1 Prise Salz |
| ¼ TL abgeriebene Schale von einer unbehandelten Zitrone |
| 1 kleines Ei |

**So wird's gemacht:**
**1.** Das Mehl auf eine Arbeitsfläche sieben, in die Mitte eine Vertiefung drücken. Die Butter in Flöckchen in die Vertiefung geben.

**2.** Den Zucker, das Salz, die Zitronenschale und das Ei dazugeben. Mit den Fingerspitzen Butter, Zucker und Ei mischen.

**3.** Die Butter-Ei-Zucker-Mischung so lange mit einer Palette unter das Mehl hacken, bis Streusel entstehen. Das muß schnell gehen, damit die Butter nicht zu weich wird.

**4.** Den Teig mit den Händen sehr schnell zusammenkneten. Je rascher das geht, desto geschmeidiger bleibt der Teig. Ihn zu einer Kugel formen, flachdrücken, in Klarsichtfolie einwickeln und etwa 1 Stunde kühl stellen.

**So wird ein Obstboden gebacken:**
**1.** Den Backofen auf 200°C vorheizen. Den Teig auf einer kalten, mit wenig Mehl bestäubten Arbeitsplatte (am besten aus Marmor) rund und möglichst nicht zu dünn ausrollen.

**2.** Den Teig in die Obstbodenform geben und mit bemehlten Händen fest in die Vertiefung drücken. Der Teigboden sollte glatt mit dem Formenrand abschließen. Ihn mit einer Eßgabel mehrmals einstechen.

**3.** Den Boden auf der mittleren Schiene etwa 25 Minuten backen.
**4.** Nach dem Backen den Boden noch einige Minuten in der Form lassen, dann läßt er sich leichter stürzen. Auf einem Kuchengitter auskühlen lassen.

## Tips

● Wird der Mürbeteig durch zu langes Kneten brüchig (oder brandig, wie das der Fachmann nennt), so sollte man noch etwas kaltes Eiweiß darunterarbeiten. Den Teig danach 1 Stunde im Kühlschrank ruhen lassen.

● Den frisch gebackenen Tortenboden nicht sofort aus der Form nehmen, da er leicht bricht. Immer erst etwas abkühlen lassen, aber niemals in der Form oder auf dem Backblech erkalten lassen, da die beim Backen ausgetretene Butter beim Erkalten fest wird und der Teig dann stark an der Form haftet. Sollte das einmal passieren, den Kuchen nochmals in den warmen Ofen schieben.

● Wird Mürbeteig bei der Verarbeitung zu weich, auf keinen Fall Mehl darunterarbeiten, sondern den Teig nochmals etwa ½ Stunde kalt stellen. Auch beim Ausrollen des Mürbeteiges sparsam mit Mehl umgehen, es beeinträchtigt die Qualität.

● Wenn etwas Teig übrig bleibt, daraus Plätzchen backen.

● Ungebackener Mürbeteig hält sich 8 bis 10 Tage im Kühlschrank oder 2 bis 3 Monate im Tiefkühlgerät.

## Variationen der Teigmenge

**Sie benötigen für ca. 300 g Teig:**
150 g Weizenmehl (Type 405)
100 g Butter
35 g Kristall- oder Puderzucker
1 Prise Salz
1 Msp. abgeriebene Schale von einer unbehandelten Zitrone
1 Eiweiß

**Sie benötigen für ca. 400 g Teig:**
200 g Weizenmehl (Type 405)
100 g Butter
50 g Kristall- oder Puderzucker
1 Prise Salz
1 Msp. abgeriebene Schale von einer unbehandelten Zitrone
1 kleines Ei

**Wieviel Mürbeteig für welche Formgröße?**
26 cm ⌀ ohne Rand:
etwa 250 g Teig
26 cm ⌀ mit Rand:
etwa 400 g Teig
24 cm ⌀ ohne Rand:
etwa 200 g Teig
24 cm ⌀ mit Rand:
etwa 350 g Teig
Obstkuchenform:
etwa 600 g Teig

Für Tartelettförmchen:
von 12 cm ⌀: etwa 70 g Teig
von 10 cm ⌀: etwa 50 g Teig
von  8 cm ⌀: etwa 40 g Teig

## Vollkornmürbeteig

**Sie benötigen für ca. 500 g Teig:**
250 g frisch gemahlenes Weizenvollkornmehl
1 Prise Salz
60 g Rohrzucker
150 g Butter oder Margarine
1 TL abgeriebene Schale von einer unbehandelten Zitrone
2 EL Joghurt

Den Mürbeteig wie im Grundrezept beschrieben zubereiten. Das Ei wird durch Joghurt ersetzt. Die Menge reicht für 10 bis 12 kleine Tarteletten von 10 cm ⌀.

### Tip

Vollkornmürbeteig läßt sich auch in der Küchenmaschine zubereiten. Dann Butter, Zucker, Salz und Zitronenschale verrühren und auf der niedrigsten Stufe mit dem Knethaken das Mehl und das Joghurt unterarbeiten.

## Geriebener Teig

### Grundrezept

Zubereitungszeit: ca. 35 Minuten
Kühlzeit: ca. 1 Stunde

**Sie benötigen für ca. 400 g Teig (eine Obstkuchenform von ca. 26 cm ø):**

| |
|---|
| 250 g Weizenmehl (Type 405) |
| 125 g Butter |
| 1 Prise Salz |
| 20 g Puderzucker |
| 6–8 EL kaltes Wasser |

**So wird's gemacht:**
1. Das Mehl auf eine Arbeitsfläche sieben. Die Butter in kleinen Flocken dazugeben.
2. Das Mehl und die Butter mit der Hand zu Streuseln verreiben.

3. Die krümelige Masse kranzförmig aufhäufen, Salz und Zucker hinzufügen.
4. In die Mitte einen Teil des Wassers geben und alles sehr schnell zu einem festen Teig zusammengreifen.

5. Wenn nötig das restliche Wasser dazufügen und darunterarbeiten. Den Teig auf keinen Fall zulange kneten. Den Teig zu einer glatten Kugel formen, in Klarsichtfolie wickeln und etwa 1 Stunde kühl stellen.

### Tips
- Geriebenen Teig nicht zu lange bearbeiten, da er sonst zäh wird.
- Mehl nimmt nicht immer die gleiche Menge Wasser auf, deshalb nicht alles Wasser auf einmal unterarbeiten.
- Der geriebene Teig kann auch mit Ei zubereitet werden, für die angegebene Mehlmenge würde ein Eiweiß oder ein Eigelb reichen. Dann benötigt man etwa 1 bis 2 Eßlöffel Wasser weniger.

**Blindbacken**
Torten- oder Tarteletteböden aus Mürbeteig, geriebenem Teig oder auch Blätterteig müssen in manchen Fällen ohne Füllung vorgebacken werden. Dabei gilt:
- Damit der Teig beim Backen keine Blasen wirft, den Teigboden vorher mit einer Gabel einstechen (stupfen).

- Um zu verhindern, daß die Teigränder abrutschen, die Böden mit Hülsenfrüchten beschweren. Dazu Backpapier auf den Teig legen und darauf die Hülsenfrüchte geben. Nach dem Backen die Hülsenfrüchte mitsamt Papier herausnehmen. Die Hülsenfrüchte können beliebig oft verwendet werden.

- Sollen die Böden innen Farbe bekommen, müssen etwa nach der Hälfte der Backzeit die Hülsenfrüchte entfernt werden.

### Variationen in der Teigmenge

**Sie benötigen für ca. 300 g Teig:**

| |
|---|
| 180 g Weizenmehl (Type 405) |
| 90 g Butter |
| 1 Prise Salz |
| 10 g Puderzucker |
| 3–5 EL kaltes Wasser |

**Sie benötigen für ca. 500 g Teig:**

| |
|---|
| 280 g Weizenmehl (Type 405) |
| 140 g Butter |
| 1 Prise Salz |
| 25 g Puderzucker |
| 8–10 EL kaltes Wasser |

### Geriebener Teig ohne Zucker

Für Obstkuchen oder pikantes Gebäck benötigt man manchmal einen zuckerlosen Teig. In diesem Fall den Zucker einfach weglassen. An den Mengen der anderen Zutaten ändert sich nichts.

# Strudelteig

## Grundrezept

Zubereitungszeit: ca. 25 Minuten
Ruhezeit: ca. ½ Stunde

**Sie benötigen für ca. 250 g Strudelteig:**

| |
|---|
| 150 g Weizenmehl (Type 405) |
| 1 Eigelb |
| 25 g Öl (ca. 2 EL) |
| Salz |
| 60–70 ml warmes Wasser |
| Speiseöl zum Einstreichen von Teig und Schüssel |

**So wird's gemacht:**
**1.** Das Mehl in eine Schüssel – bei größeren Mengen auf eine Arbeitsplatte – sieben und in die Mitte eine Mulde drücken. Das Eigelb, das Öl und das Salz in die Mitte geben.

**2.** Die Zutaten zusammengreifen und nach und nach das Wasser hinzugießen. Die Hände in Mehl tauchen und den daran hängenden Teig entfernen.

**3.** Den Strudelteig mindestens 10 Minuten kräftig durchkneten, bis er glatt ist und nicht mehr klebt.
**4.** Den Teig zu einer ganz glatten Kugel formen. Die Teigoberfläche und eine Schüssel mit Öl einstreichen. Den Strudelteig hineinlegen, die Schüssel mit Klarsichtfolie abdecken und den Teig bei Zimmertemperatur etwa ½ Stunde ruhen lassen.

**So wird der Strudelteig ausgezogen:**
**1.** Ein großes Tuch ausbreiten und es dünn mit Mehl bestäuben.
**2.** Den Strudelteig erst mit der Hand strecken.

**3.** Dann mit dem Rollholz lang und rechteckig ausrollen.
**4.** Den Teig vorsichtig mit den Fingerspitzen an den Längsseiten anfassen und in die Breite und Länge ziehen.

**5.** Jetzt den Teig über die Handrücken legen und möglichst gleichmäßig, dünn ausziehen. Man sollte das Muster des Tuches erkennen können.

**6.** Die dickeren Teigränder an den Seiten abschneiden.

## Tips

● Es ist äußerst wichtig, daß alle Teigzutaten, bis auf das Wasser Zimmertemperatur haben.
● Strudelteig wird nicht nur für die berühmten Apfel-, Birnen-, Rhabarber-, Kirsch-, Aprikosen- und Topfenstrudel verwendet, sondern es können auch Filets von Fisch, Wild und Schlachtfleisch in Strudelteig gebacken werden.
● Strudelteigreste können ausgestochen oder in Stücke geschnitten und dann im Fettbad ausgebacken werden. Sie zum Abtropfen auf ein Gitter legen, mit einer Fruchtsahne füllen und mit etwas Puderzucker bestäuben.

## Vollkornstrudelteig

**Sie benötigen für ca. 300 g Teig:**

| |
|---|
| 150 g frischgemahlenes Weizenvollkornmehl |
| 1 Eigelb |
| 1½ EL Maiskeimöl |
| Salz |
| 100–120 ml warmes Wasser |
| Öl zum Bestreichen |
| Weizenvollkornmehl zum Bearbeiten |

Den Teig wie den Strudelteig zubereiten. Allerdings sollte man ihn 1 Stunde ruhen lassen, das Vollkornmehl kann dann gut ausquellen. Beim Ausrollen vorsichtig sein.

## Biskuitmasse ohne Fett

Dies ist die ideale Masse für Tortenböden. Der Zuckeranteil kann variieren. Je höher er ist, um so feinporiger wird der Boden.

### Grundrezept

Zubereitungszeit: ca. ½ Stunde

**Sie benötigen für eine Springform von 24 cm ø:**

3 Eigelb
45 g Zucker
1 Prise Salz
¼ TL abgeriebene Schale von einer unbehandelten Zitrone
60 g Weizenmehl (Type 405)
40 g Speisestärke
3 Eiweiß
45 g Zucker

**So wird's gemacht:**
**1.** Die Eigelbe zusammen mit dem Zucker, dem Salz und der Zitronenschale cremig rühren. Sie müssen heller werden und ihr Volumen fast verdoppeln.

**2.** Das Mehl und die Speisestärke auf ein Pergamentpapier sieben. Etwa die Hälfte davon vorsichtig unter die Creme mischen.
**3.** Die Eiweiße in einem fettfreien Schneekessel oder in einer Schüssel schlagen, bis sie weiß werden. Dann langsam den Zucker einrieseln lassen und weiterschlagen, bis der Schnee steif ist.

**4.** Ein Drittel des Eischnees unter die Masse ziehen. Dann das restliche Mehl-Stärke-Gemisch und den restlichen Eischnee unterheben.

**So wird ein Tortenboden gebacken:**
**1.** Den Boden einer Springform mit Backpapier bespannen. Die Form zusammensetzen. Die Biskuitmasse hineinfüllen und glattstreichen (siehe Fotos rechte Seite, mittlere Spalte).
**2.** Die Biskuitmasse auf der mittleren Schiene im Backofen bei 180°C etwa ½ Stunde backen. Nach 25 Minuten die Stäbchenprobe (siehe Seite 122) machen.
**3.** Den Boden aus dem Ofen nehmen, ein Backblech dünn mit Mehl bestäuben, den Boden in der Form mit der Oberfläche nach unten auf das Blech setzen und etwa 10 Minuten ruhen lassen.

**4.** Den Boden am Rand mit einem schmalen, spitzen Messer lösen. Die Springform öffnen und den Boden herausnehmen.
**5.** Den Boden erkalten lassen und kurz vor der weiteren Verarbeitung das Backpapier abziehen.
(Ergibt 12 Stück)

### Tips
● Den Rand der Springform auf keinen Fall fetten, der Boden hat dann keinen Halt, und der Rand bleibt nicht glatt.
● Die Eier können auch im warmen Wasserbad aufgeschlagen werden.

## Biskuitmasse mit Fett

Für diese Biskuitmasse, auch Wiener Masse oder Genoise genannt, werden die Eier warm und kalt aufgeschlagen. Dabei löst sich der Zucker schneller und das Mehl verbindet sich besser mit der Ei-Zukker-Masse. Außerdem kommt Fett hinzu, das macht den Boden haltbarer, und er schmeckt auch wesentlich besser.

### Grundrezept

Zubereitungszeit: ca. ½ Stunde

**Sie benötigen für eine Springform von 24 cm ø:**

80 g Butter
4 Eier
2 Eigelb
110 g Zucker
1 Prise Salz
½ TL abgeriebene Schale von einer unbehandelten Zitrone
110 g Weizenmehl (Type 405)
30 g Weizenstärke

**So wird's gemacht:**
**1.** Die Butter erhitzen, bis sie klar ist und die Molke sich abgesetzt hat. Die Butter auf der ausgeschalteten Herdplatte warm halten.

**2.** Die Eier, die Eigelbe, den Zucker, das Salz und die Zitronenschale in einen fettfreien Schneekessel oder in eine Schüssel geben und gut verrühren.

**3.** Den Schneekessel oder die Schüssel in ein warmes Wasserbad (das Wasser darf auf keinen Fall kochen) stellen und die Masse so lange mit einem Schneebesen aufschlagen, bis sie lauwarm ist.

**4.** Den Kessel aus dem Wasserbad nehmen und die Masse kaltschlagen, dabei die ersten 6 Minuten abwechselnd schnell und langsam schlagen. Danach langsam weiterschlagen, bis sich die Masse stabilisiert hat, cremig geworden ist und ihr Volumen fast verdoppelt hat.

**5.** Das Mehl und die Stärke auf Pergamentpapier sieben, beides langsam vom Papier in die Eimasse rieseln lassen und vorsichtig mit einem Holzlöffel oder Gummispachtel unterheben. Es sollte alles gut vermischt sein.

**6.** Die warme Butter (Körpertemperatur) in die Masse gießen und sorgfältig darunterziehen. Die Butter muß sich vollständig mit der Biskuitmasse verbinden.

**So wird ein Tortenboden gebacken:**
**1.** Den Backofen auf 190°C vorheizen. Den Boden einer Springform mit Backpapier bespannen und die Form zusammensetzen.

**2.** Die Biskuitmasse hineinfüllen und mit einem Hörnchen von der Mitte zum Rand hin glattstreichen.

**3.** Den Biskuitboden auf der mittleren Schiene etwa 35 Minuten backen. Stäbchenprobe (siehe Seite 122) machen.

**4.** Den Boden wie bei Biskuitmasse ohne Fett beschrieben aus der Form nehmen.
(Ergibt 12 Stück)

### Biskuitböden durchschneiden

**a) mit einem Messer**
**1.** Mit einem spitzen, scharfen, nicht zu kurzen Messer bis in die Mitte des Biskuittortenbodens stechen.
**2.** Den Boden langsam drehen, dabei das Messer horizontal weiterführen. Achtung: Den Boden nicht zu schnell drehen.

**3.** Die abgeschnittene Biskuitscheibe mit Backpapier oder einer Papp- bzw. Tortenscheibe abheben.

**b) mit einem Zwirn**

**1.** Den Biskuitboden am Rand in der gewünschten Höhe rundherum einkerben.

**2.** Einen starken Zwirnsfaden in die Kerbe legen, vorne überkreuzen und den Zwirn langsam zusammenziehen.

**3.** Biskuitscheibe mit einer Pappscheibe abheben.

*Tip*
Es gibt spezielle Tortenplatten, die auf einem Kugellager laufen und sich daher sehr leicht drehen lassen. Sie erleichtern nicht nur das Durchschneiden, sondern auch das Einstreichen der Böden mit Creme oder geschlagener Sahne.

## *Biskuitboden mit Sahnecreme füllen*

**1.** Einen verstellbaren Tortenring oder einen passenden Springformring auf eine Kuchenplatte oder eine Tortenscheibe setzen. Die unterste Biskuitscheibe hineinlegen, sie muß den Ring ganz ausfüllen.

**2.** Einen Teil der Creme auf der Biskuitscheibe verteilen und mit einem Hörnchen glattstreichen. Eine zweite Biskuitscheibe darauf legen und andrücken.

**3.** Dann folgt wieder Creme und den Abschluß bildet eine Biskuitscheibe.

**4.** Ein rundes, passendes Stück Pappe oder eine Tortenscheibe auf den Biskuit legen. Die Torte mit einer großen, gefüllten Konservendose beschweren und für etwa 1 Stunde kalt stellen.

**5.** Die restliche Creme bei Küchentemperatur streichfähig halten.
**6.** Die Dose, die Pappe und den Ring von der Torte entfernen. Mit einem Teil der Creme den Rand und die Oberfläche einstreichen.

**7.** Den Tortenrand mit einem Garnierkamm (gezacktes Hörnchen) verzieren.

**8.** Die Tortenoberfläche mit der restlichen Creme nach Belieben garnieren.

## Variationen der Teigmenge

**Sie benötigen für eine Springform von 26 cm ø:**
| | |
|---|---|
| 90 g Butter | |
| 5 Eier | |
| 2 Eigelb | |
| 130 g Zucker | |
| 130 g Weizenmehl (Type 405) | |
| 40 g Weizenstärke | |

**Sie benötigen für eine Springform von 22 cm ø:**
| | |
|---|---|
| 60 g Butter | |
| 3 Eier | |
| 1 Eigelb | |
| 80 g Zucker | |
| 80 g Weizenmehl (Type 405) | |
| 25 g Weizenstärke | |

**Sie benötigen für eine Springform von 20 cm ø:**
| | |
|---|---|
| 50 g Butter | |
| 2 Eier | |
| 2 Eigelb | |
| 60 g Zucker | |
| 60 g Weizenmehl (Type 405) | |
| 20 g Weizenstärke | |

## Schokoladenbiskuitmasse

Die Biskuitmasse kann mit Gewürzen, Spirituosen und geriebenen Nüssen oder Mandeln verändert werden.

**Sie benötigen für eine Springform von 24 cm ø:**
| | |
|---|---|
| 50 g Butter | |
| 5 Eier | |
| 160 g Zucker | |
| Mark von einer Vanilleschote | |
| 100 g Weizenmehl (Type 405) | |
| 40 g Weizenstärke | |
| 40 g Kakaopulver | |

Die Schokoladenbiskuitmasse wie die Biskuitmasse mit Fett zubereiten. Das Kakaopulver zusammen mit dem Mehl und der Stärke zur Eimasse geben.

## Rouladenbiskuitmasse

### Grundrezept

Zubereitungszeit: ca. 20 Minuten

**Sie benötigen für ein Backblech:**
| | |
|---|---|
| 8 Eigelb | |
| 100 g Zucker | |
| 1 Msp. Salz | |
| 6 Eiweiß | |
| 120 g Weizenmehl (Type 405) | |

**So wird's gemacht:**
**1.** Den Backofen auf etwa 200°C vorheizen. Die Eigelbe mit der Hälfte des Zuckers und dem Salz cremig rühren.
**2.** Die Eiweiße schlagen, bis sie weiß werden. Nach und nach den restlichen Zucker einrieseln lassen. Weiterschlagen, bis sich der Zucker aufgelöst hat und die Eiweiße steif sind.
**3.** Die Eigelbcreme zum Eischnee geben und vorsichtig darunterheben.
**4.** Das Mehl darübersieben und ebenso vorsichtig darunterziehen. Hierbei dürfen sich keine Mehlklümpchen bilden.

**So wird eine Biskuitroulade gebacken:**
**1.** Ein Backblech mit der Rückseite nach oben auf einen Tisch legen, mit Backpapier belegen. Die Rouladenmasse darauf gleichmäßig verteilen und mit einer Palette oder einem langen Tortenmesser glattstreichen.

**2.** Den Rouladenbiskuit auf der mittleren Schiene 6 bis 8 Minuten backen. Nach 4 Minuten nachsehen, ob der Biskuit eventuell schon fertig ist.
**3.** Die fertige Roulade auf ein feuchtes Tuch stürzen und das Backpapier abziehen.

### Tips
- Die Roulade muß noch heiß aufgerollt werden.
- Man kann sie einfach mit Marmelade füllen.
- Wird der Rouladenbiskuit mit einer Creme- oder einer Sahnemasse gefüllt, sollte er vor dem Füllen kalt sein. Abkühlen läßt man diesen Biskuit am besten in einem feuchten Tuch aufgerollt oder zwischen zwei feuchten Tüchern auf einem Tisch liegend. So behält er seine Elastizität und kann nicht austrocknen.
- Dieser Rouladenbiskuit ist vielfältig verwendbar. Er kann auch rund ausgestochen oder quadratisch zugeschnitten und wie ein Tortenbiskuit gefüllt werden.
- Wir backen den Rouladenbiskuit auf der Rückseite des Bleches, weil sich die Masse darauf besser glattstreichen läßt. Passen Sie jedoch auf, daß nichts heruntertropft.

# Blätterteig

## Grundrezept

Zubereitungszeit: ca. 1 Stunde
Ruhezeit: ca. 2½ Stunden

**Sie benötigen für ca. 500 g Teig:**

| |
|---|
| 200 g Weizenmehl (Type 405) |
| 100 ml kaltes Wasser |
| 20 g Butter |
| 1 TL Salz |

**Außerdem:**

| |
|---|
| 200 g Butter |
| 20 g Weizenmehl (Type 405) |
| Mehl zum Touren |

**So wird's gemacht:**
**1.** Das Mehl auf eine Arbeitsplatte (möglichst aus Marmor) sieben und ringförmig aufhäufen. In die Mitte das Wasser, die Butter und das Salz geben.

**2.** Mit einer Hand das Mehl zusammen mit dem Wasser und der Butter von innen nach außen zusammenarbeiten; dabei das Mehl nachschieben.

**3.** Den Teig so lange kneten, bis die Oberfläche glänzt und glatt ist. Ihn mit einem feuchten Tuch zudecken und für etwa ¼ Stunde kalt stellen.

**4.** Die Butter in kleine Stücke schneiden, das Mehl darübersieben und alles schnell zusammenkneten. Dabei darf die Butter nicht zu weich werden. Teig und Mehlbutter sollten von gleicher Beschaffenheit sein.
**5.** Den Teig rechteckig ausrollen. Die Butter-Mehl-Mischung so ausrollen, daß sie nur halb so breit und 4 bis 5 cm kürzer als die Teigplatte ist. Nun die Butter in die Mitte der Teigplatte legen. Die Teigränder mit Wasser bestreichen.

**6.** Den Teig von beiden Seiten so über die Butter schlagen, daß er in der Mitte etwas überlappt. Die Teigränder – auch an den schmalen Seiten – zusammendrücken. Die Butter muß fest im Teig eingeschlossen sein.

**7.** Den Teig abwechselnd in zwei Richtungen ausrollen. Erst von vorn nach hinten, dann von rechts nach links. Dabei darauf achten, daß der Druck möglichst gleich stark ist. Der Teig muß zum Schluß an den Rändern genauso dick sein wie in der Mitte.

**8.** Nach jedem Arbeitsgang die Mehlreste abfegen. Den Teig mit einem feuchten Tuch bedecken und für 20 Minuten kalt stellen.

**9.** Für die einfache Tour zwei Drittel des Teiges exakt zusammenlegen und das letzte Drittel darüberschlagen. Die Ränder müssen glatt übereinanderliegen. Den Teig abdecken, für 20 Minuten kalt stellen.

**10.** Den Teig wieder ausrollen. Für die doppelte Tour den Teig von beiden Seiten nach innen, bis zur Mitte einschlagen. Nochmals längs zusammenklappen, so daß jetzt vier Teigschichten übereinanderliegen. Den Teig wieder zugedeckt für etwa 20 Minuten kalt stellen.

**11.** Dann wieder ausrollen und dem Blätterteig dann nochmals eine einfache und eine doppelte Tour geben. Zwischendurch immer wieder zugedeckt kalt stellen.

## Tips

● Um nicht zu vergessen, wie oft man den Blätterteig getourt hat, kann man die Tourenanzahl mit den Fingern leicht in die Teigoberfläche drücken.
● Blätterteig muß gekühlt aufbewahrt und verarbeitet werden.
● Zum Schneiden des Teiges immer scharfe Messer verwenden, damit die Teigränder nicht gequetscht werden.
● Beim Bestreichen des Blätterteiges mit Eigelb darauf achten, daß die Kanten nicht mitbestrichen werden und auch kein Eigelb herunterläuft, sonst geht der Blätterteig nicht auf.
● Blätterteigreste können ungebacken eingefroren werden. Sie jedoch nicht zusammenkneten, sondern sorgfältig übereinanderlegen und ausrollen.

● Bleche oder Formen, auf oder in denen Blätterteig gebacken wird, nur mit kaltem Wasser ausspülen.
● Es ist schwierig, kleinere Mengen Blätterteig herzustellen. Brauchen Sie weniger, frieren Sie die Masse ein.

# Blitzblätterteig

## Grundrezept

Zubereitungszeit: ca. 1 Stunde

**Sie benötigen für ca. 500 g Teig:**
| |
|---|
| 250 g Weizenmehl (Type 405) |
| 200 g Butter |
| ½ TL Salz |
| 110 ml eiskaltes Wasser |
| Mehl zum Ausrollen |

**So wird's gemacht:**
**1.** Das Mehl auf eine Arbeitsplatte (möglichst aus Marmor) sieben und ringförmig aufhäufen.
**2.** Die Butter in kleine Würfel schneiden und außen um den Mehlring verteilen. Sie mit wenig Mehl bestäuben.
**3.** Das Salz über das Mehl streuen und 110 ml eiskaltes Wasser in die Mitte gießen.
**4.** Mit einer Hand vorsichtig das Wasser mit dem Mehl mischen, bis aus Wasser und Mehl ein zäher Teig entsteht. Noch keine Butter einarbeiten.
**5.** Den Teig rasch und kräftig mit den Butterwürfeln verkneten.

**6.** Den Teig zu einem rechteckigen Block formen. Ihn mit einem feuchten Tuch zudecken und für etwa 10 Minuten kalt stellen.
**7.** Den Blitzblätterteig wie den Blätterteig ausrollen und dann tournieren.

## *Brandmasse*

### *Grundrezept*

Zubereitungszeit: ca. ½ Stunde

**Sie benötigen für ca. 450 g Brandmasse:**

| |
|---|
| ⅛ l Milch |
| 60 g Butter |
| 1 Msp. Salz |
| ½ TL Zucker |
| 100 g Weizenmehl (Type 405) |
| 2–3 Eier (je nach Größe) |
| Butter und Mehl fürs Blech |

**So wird's gemacht:**
**1.** Die Milch zusammen mit der Butter, dem Salz und dem Zucker zum Kochen bringen.

**2.** Das Mehl auf ein Stück Pergamentpapier sieben. Wenn die Milch kocht und die Butter ganz zerlaufen ist, den Topf vom Herd nehmen.
**3.** Das Mehl auf einmal in die Milch schütten und mit einem Holzlöffel glattrühren.

**4.** Den Topf wieder auf die Herdplatte stellen. Die Masse bei schwacher Hitze und unter Rühren abbrennen, das heißt, die Masse so lange rühren, bis sich ein Kloß und weißer Belag am Boden des Topfes bilden.

**5.** Die Brandmasse in eine Schüssel geben und zunächst ein Ei unterrühren. Das zweite Ei erst zufügen, wenn die Masse das erste vollkommen aufgenomen hat.
**6.** Je nach Festigkeit der Masse das dritte Ei noch einarbeiten. Dazu das Ei verquirlen und löffelweise dazugeben. Die Brandmasse muß glatt, geschmeidig und spritzfähig sein.

**So werden Profiteroles gebacken:**
**1.** Ein Backblech mit Butter bestreichen und dünn mit Mehl bestäuben. Für Profiteroles die Brandmasse in einen Spritzbeutel geben und etwa 20 taubeneigroße Profiteroles auf das Blech spritzen.

**2.** Die Profiteroles auf der mittleren Schiene bei 220°C etwa ¼ Stunde backen.

## Variation der Menge

**Sie benötigen für ca. 600 g Masse:**
| |
|---|
| 190 ml Milch |
| 90 g Butter |
| 1 Msp. Salz |
| 1 TL Zucker |
| 150 g Weizenmehl (Type 405) |
| 3–4 Eier (je nach Größe) |

## Vollkornbrandmasse

**Sie benötigen für ca. 350 g Brandmasse:**
| |
|---|
| ⅛ l Wasser |
| 40 g Butter |
| 1 Msp. Salz |
| ½ TL Rohrzucker |
| 70 g gesiebtes, frisch gemahlenes Weizenvollkornmehl |
| 2 kleine Eier |
| Butter fürs Blech |

Die Brandmasse wie beschrieben zubereiten. Anstelle der Milch wird jedoch Wasser genommen. Die Eier vor dem Zugeben erst verquirlen.

## Vanillefüllcreme

### Grundrezept

Zubereitungszeit: ca. 20 Minuten

**Sie benötigen für ca. 500 g Creme:**
| |
|---|
| 80 g Zucker |
| 30 g Vanillepuddingpulver oder Speisestärke |
| 3 Eigelb |
| 400 ml Milch |
| 1 Prise Salz |
| 1 Vanilleschote |
| Puderzucker zum Bestäuben |

**So wird's gemacht:**
**1.** Etwa die Hälfte des Zuckers und das Vanillepulver oder die Stärke in eine Schüssel geben. Die Eigelbe und etwa ⅕ der Milch hinzufügen und alles glattrühren.

**2.** Den restlichen Zucker zusammen mit der restlichen Milch und dem Salz in einen Topf geben. Die Vanilleschote längs aufschneiden, das Mark herauskratzen. Die Vanilleschote und das Vanillemark zur Milch geben.

**3.** Die Milch aufkochen und die Vanilleschote entfernen. Die Eigelbmasse nochmals durchrühren. Sie mit einem Schneebesen in die kochende Milch rühren und alles unter Rühren drei- bis viermal aufkochen.
**4.** Die Vanillecreme zum Auskühlen in eine Schüssel geben. Die Cremeoberfläche dünn mit Puderzucker bestäuben, damit sich keine Haut bildet.
**5.** Vor der weiteren Verarbeitung die Vanillecreme durch ein feines Sieb streichen und mit einem Schneebesen kräftig durchrühren, bis sie glatt und geschmeidig ist.

### Tip
Bei der Zubereitung der Creme, muß unbedingt darauf geachtet werden, daß an den Eigelben kein Eiweiß haftet. Das Eiweiß würde beim Kochen gerinnen und die Creme grießig machen.

### Variationen der Menge

**Sie benötigen für ca. 700 g Creme:**
| |
|---|
| 100 g Zucker |
| 40 g Vanillepuddingpulver oder Speisestärke |
| 4 Eigelb |
| ½ l Milch |
| 1 Prise Salz |
| ½ Vanilleschote |

## Canachecreme

Die Canachecreme bezeichnet man auch als Trüffelcreme, da sie zur Herstellung von Pralinen verwendet wird. Sie eignet sich ebenso als Füllcreme für Torten.

### Grundrezept

Zubereitungszeit: ca. 35 Minuten

**Sie benötigen für eine Torte von 24 cm ø:**

| |
|---|
| 400 g Zartbitterschokolade oder Kuvertüre |
| 200 g süße Sahne |
| 2 EL Bienenhonig |
| 80 g weiche Butter |
| 3 cl Rum |

**So wird's gemacht:**
**1.** Die Schokolade oder die Kuvertüre zerkleinern.
**2.** Die Sahne in einen nicht zu kleinen Topf geben, aufkochen lassen und sofort vom Herd nehmen.
**3.** Die Schokolade und den Honig hinzufügen und alles mit dem Schneebesen verrühren, bis sich die Schokolade aufgelöst und gut mit der Sahne verbunden hat.

**4.** Die Schokoladensahne unter häufigem Umrühren auskühlen lassen, damit sich keine Haut bilden kann.
**5.** Die weiche Butter so lange schlagen, bis sie heller wird und sich ihr Volumen vergrößert.

**6.** Die Schokoladen-Sahne-Masse in eine Rührschüssel geben. Sie mit dem Handrührgerät schlagen, so daß sie genauso schaumig ist wie die Butter.
**7.** Die Butter zu der Schokoladencreme geben und sie sorgfältig mit dem Handrührgerät darunterarbeiten.

**8.** Den Rum vorsichtig und langsam darunterrühren. Er sollte dieselbe Temperatur wie die Creme haben, damit sie nicht gerinnt.

### *Variation*
Man kann die Hälfte der Sahne durch Milch ersetzen.

## Deutsche Buttercreme

### Grundrezept

Zubereitungszeit: ca. 40 Minuten

**Sie benötigen für eine Torte von 24 cm ø:**

| |
|---|
| 500 g Vanillefüllcreme (siehe Seite 135) |
| 300 g weiche Butter |
| 30 g Puderzucker |

**So wird's gemacht:**
**1.** Die Vanillefüllcreme zubereiten und auskühlen lassen.
**2.** Die weiche Butter zusammen mit dem Puderzucker in eine Rührschüssel geben und mit dem Handrührgerät bei höchster Geschwindigkeit schaumig rühren. Die Butter muß wesentlich heller werden und ihr Volumen deutlich vergrößern.
**3.** Die Vanillefüllcreme durch ein Sieb streichen und sorgfältig glatt rühren.

**4.** Die Vanillefüllcreme – sie sollte die gleiche Temperatur und Konsistenz wie die Butter haben – zu der Butter geben. Die Masse mit dem Handrührgerät bei mittlerer Geschwindigkeit sorgfältig darunterrühren.

*Tip*
Weicht die Temperatur der Butter zu stark von der Temperatur der Creme ab, gerinnt die Creme. Creme und Butter verbinden sich nicht miteinander. Dann die Creme in ein handwarmes Wasserbad stellen und sie glattrühren.

*Variationen*
Die deutsche Buttercreme kann z.B. mit Alkohol, Instantkaffee, Kakaopulver, geschmolzener Schokolade oder Rosenwasser aromatisiert werden.

## Französische Buttercreme

### Grundrezept

Zubereitungszeit: ca. 35 Minuten

**Sie benötigen für eine Torte von 24 cm ø:**

| |
|---|
| 250 g weiche Butter |
| 300 g Zucker |
| 100 ml Wasser |
| 6 Eigelb |
| Mark von einer Vanilleschote |

**So wird's gemacht:**
**1.** Die Butter mit dem Handrührgerät bei höchster Geschwindigkeit schaumig schlagen.

**2.** Den Zucker mit dem Wasser kochen, bis das Zuckerwasser etwa 116°C erreicht hat, er darf sich nicht verfärben.

**3.** Die Eigelbe zusammen mit dem Mark einer Vanilleschote mit dem Handrührgerät oder dem Schneebesen gut schaumig rühren.

**4.** Den gekochten heißen Zuckersirup in dünnem Strahl in die Eigelbe laufen lassen, dabei ständig mit dem Handrührgerät oder mit dem Schneebesen rühren.

**5.** Die aufgeschlagene Eigelb-Zucker-Masse langsam in die schaumige Butter gießen und alles sorgfältig verrühren.

*Tip*
Sollte zum Zuckerkochen kein entsprechendes Thermometer vorhanden sein, so kann man auf folgende Weise feststellen, ob der Zucker die richtige Konsistenz hat: Daumen und Zeigefinger einer Hand in Eiswasser tauchen. Mit einem Holzlöffel flüssigen Zucker aus dem Topf holen. Ein wenig zwischen die eingetauchten Finger nehmen und im Eiswasser zu einer Kugel formen. Gelingt das, hat der Zucker die richtige Temperatur erreicht.
Sicherer und einfacher ist allerdings die Methode mit dem Thermometer.

*Variationen*
Auch die französische Buttercreme kann mit Gewürzen, Kaffee, Kakaopulver, Mandeln, Nüssen oder Spirituosen abgewandelt werden. Diese Zutaten müssen aber immer dieselbe Temperatur wie die Buttercreme haben.

## *Aprikosenglasur*

Diese einfache Glasur wird in der Fachsprache kurz Aprikotur genannt, auch dann, wenn sie aus anderen Konfitüren besteht. Die Aprikosenglasur verwendet man vorwiegend, um Gebäck, bevor es glasiert wird, zu bestreichen. So verhindert sie, daß Kuvertüren-, Fondant- und Schokoladenglasuren stumpf werden.
Die Aprikotur ist aber auch eine einfache und eigenständige Glasur. Mit ihr können die Oberflächen von Gebäck, Torten und Kuchen eingestrichen werden, sie glänzen dann schöner.

### *Grundrezept*

Zubereitungszeit: ca. 10 Minuten

**Sie benötigen für eine Torte von 24–26 cm ø:**

| |
|---|
| 120 g Aprikosenkonfitüre |
| 60 g Zucker |
| 50 ml Wasser |
| 1 EL Zitronensaft |

**So wird's gemacht:**
**1.** Die Aprikosenkonfitüre durch ein feines Sieb streichen.
**2.** Den Zucker zusammen mit dem Wasser und dem Zitronensaft kochen, bis sich der Zucker aufgelöst hat. Den eventuell am Rand haftenden Zucker mit einem in Wasser getauchten Pinsel herunterstreichen.

**3.** Die Aprikosenkonfitüre zum Zuckersirup geben und alles unter Rühren mit einem Holzlöffel kochen, bis die Glasur klar ist und den herausgezogenen Holzlöffel bedeckt.

**4.** Die Aprikotur durch ein feines Sieb passieren und die Torte oder den Kuchen damit bestreichen.

### *Tip*
Torten mit empfindlichen Füllungen aus Butter-, Canachecreme oder Sahne sollten vor dem Aprikotieren kalt gestellt werden. Anschließend die Torten mit einer dünnen Marzipanschicht belegen oder ganz damit einkleiden. Erst dann die Torte mit der heißen Aprikotur bestreichen.

## *Eiweißglasur*

### *Grundrezept*

Zubereitungszeit: ca. 5 Minuten

**Sie benötigen für eine Torte von 24–26 cm ø:**

| |
|---|
| 250 g Puderzucker |
| 2 Eiweiß |
| 1–2 TL Zitronensaft |

**So wird's gemacht:**
**1.** Den Puderzucker in eine Schüssel sieben.
**2.** Das Eiweiß und den Zitronensaft dazufügen und die Masse mit dem Handrührgerät so lange rühren, bis die Glasur dickflüssig ist.

### *Tips*
● Ist die Glasur zu dick, noch etwas Eiweiß oder Zitronensaft (er fördert die Verbindung zwischen Zucker und Eiweiß) dazugeben, ist sie zu dünn etwas gesiebten Puderzucker darunterrühren.
● Wird die Eiweißglasur zum Spritzen verwendet, muß sie zäh und dick sein. Der Rührbesen muß markante Spuren in der Masse hinterlassen. Dazu etwas weniger Zitronensaft und Eiweiß nehmen und eventuell etwas mehr Puderzucker.
● Die Schüssel mit der Eiweißglasur sofort mit einem feuchten Tuch zudecken, damit die Oberfläche nicht abtrocknet.

## Fondant verarbeiten

Fondant ist eine reine Zuckerglasur, der beim Bäcker oder beim Konditor erhältlich ist.

**So wird's gemacht:**
1. Den Fondant in ein Gefäß geben und in ein Wasserbad (mit 40°C Wassertemperatur) setzen.
2. Den Fondant unter Rühren bis auf etwa 35°C erwärmen. Wird er stärker erhitzt, stirbt er ab wie der Fachmann sagt und wird stumpf.

### Tips
● Ist der Fondant zu dick, kann er mit Zuckersirup (Seite 137) oder Eiweiß verdünnt werden.
● Fondant kann mit Spirituosen parfümiert und mit Speisefarben eingefärbt werden. Die Fondantfarbe sollte zart und nicht zu intensiv sein. Achten Sie darauf, daß der Fondant erst nach dem Färben auf die richtige Konsistenz gebracht wird.

● Zum Temperieren nur Metallschüsseln verwenden. Auf keinen Fall Aluminiumschüsseln oder Schneebesen nehmen, sie machen die Glasur grau.

## Mit Fondant glasieren

1. Marzipan dünn ausrollen, mit einem Tortenring die Größe der Torte markieren und eine runde Marzipanplatte in der Größe der Tortenoberfläche ausschneiden.
2. Eine Tortenunterlage dünn mit Puderzucker bestreuen. Die Marzipanplatte darauf legen und vorsichtig auf die Tortenoberfläche gleiten lassen.
3. Das Marzipan faltenlos andrücken, dünn mit heißer Aprikotur bestreichen und antrocknen lassen.

4. Den Fondant (etwa 150 g) im Wasserbad erwärmen. Ihn auf die Tortenoberfläche gießen und mit einer Palette zum Rand hin glattstreichen, ohne daß der Fondant an den Seiten herunterläuft.

5. Den Tortenrand mit heißer Aprikotur bestreichen und mit gerösteten Mandelblättchen, geraspelter Schokolade oder Kuchenbrösel einkleiden.

## Marzipan

### Grundrezept

**Sie benötigen für eine Torte von 24–26 cm ø:**

350 g Puderzucker

500 g Marzipanrohmasse

**So wird's gemacht:**
1. Den Puderzucker auf eine glatte Arbeitsfläche (am besten aus Marmor) sieben.
2. Das Rohmarzipan in kleine Stücke zupfen und hinzufügen.
3. Zucker und Marzipan schnell zusammenarbeiten. Nicht zu lange kneten, das Marzipan wird sonst brüchig und ölig, es läßt sich dann nicht mehr formen und ausrollen. Mit dem Unterarbeiten von ein klein wenig Eiweiß und Puderzucker kann man diesen Fehler wieder beheben.

4. Zum Ausrollen von Marzipan eine Arbeitsfläche dünn mit Puderzucker bestäuben und das Marzipan mit dem Rollholz dünn ausrollen.

## *Kuvertüre*

Bevor die Kuvertüre ihren optimalen Geschmack und Glanz erreicht, muß sie temperiert, das heißt geschmolzen, abgekühlt und wieder vorsichtig erwärmt werden. Die Schmelztemperatur beträgt etwa 35°C, die Verarbeitungstemperatur etwa 32°C.

**So wird's gemacht:**
**1.** Die Kuvertüre kleinschneiden (dafür den Block aufrecht stellen, mit einem starken Messer kleine Stücke abschneiden) oder die Kuvertüre grob raspeln.

**2.** Die Hälfte der Kuvertüre in eine Schüssel geben und im Wasserbad (bei 40 bis 42°C Wassertemperatur) schmelzen.
**3.** Die restliche Kuvertüre dazugeben und die geschmolzene Kuvertüre damit abkühlen. Die Schüssel aus dem Wasserbad nehmen und die Kuvertüre mit einem Holzlöffel glattrühren.

**4.** Knapp die Hälfte der Kuvertüre in eine andere Schüssel gießen und unter gelegentlichem Rühren im Kühlschrank auf etwa 27°C abkühlen lassen. Dann die abgekühlte zu der noch warmen Kuvertüre geben.
**5.** Die Kuvertüre im Wasserbad unter Rühren wieder auf 32°C erwärmen und warm halten.

*Tips*
● Mit nicht temperierter, geraspelter oder geschabter Kuvertüre kann man Gebäck bestreuen oder einkleiden.
● Für Fächer und Röllchen wird die temperierte Kuvertüre auf eine Marmorplatte gegossen und möglichst schnell mit einer Palette gleichmäßig dünn aufgestrichen.

Für **Fächer** die Kuvertüre mit einem Spachtel in großen Bögen abschaben. Dabei mit den Fingern der einen Hand die Kuvertüre festhalten, so entstehen die Fächer. Die Fächer auf ein Blech setzen und erstarren lassen.

Für **Röllchen** wird die Kuvertüre mit dem Spachtel abgeschoben.

● Zum **Ausstechen** die Kuvertüre auf Backpapier gießen und dünn und glatt ausstreichen.

Sie fest werden lassen, mit Ausstechern beliebige Formen ausstechen oder mit einem Messer die Kuvertüre in Dreiecke, Quadrate oder Rechtecke schneiden.

● Kuvertüre sollte immer in temperierten Räumen bei etwa 20°C bearbeitet werden. Auch das zu überziehende Gebäck, die Kuchen oder die Torten, sollte diese Temperatur haben. Überzogenes Gebäck bei 15°C abkühlen lassen und bei 15 bis 18°C aufbewahren.

## Spritzschokolade

### Grundrezept

**Sie benötigen für eine Torte von 24–26 cm ø:**

150 g Kuvertüre

30 g Puderzucker

einige Tropfen Wasser

**So wird's gemacht:**
**1.** Die Kuvertüre in kleine Stücke schneiden und den Puderzucker sieben.
**2.** Die Kuvertüre im warmen Wasserbad unter Rühren auflösen.
**3.** Den Puderzucker dazugeben und daruntermischen. Mit dem Unterrühren einiger Wassertropfen kann man sie spritzfähig machen.

**4.** Die Glasur in kleine Pergamenttütchen füllen und Ornamente auf Pergamentpapier spritzen.

**5.** Die Dekoration fest werden lassen, danach vom Papier lösen.

## Spritztüten

**1.** Pergamentpapier zum Quadrat schneiden, dieses in zwei Dreiecke schneiden.
**2.** Ein Pergamentdreieck mit Daumen und Zeigefinger der einen Hand in der Mitte der Längsseite halten.

**3.** Mit der anderen Hand links eindrehen und zu einer kegelförmigen Tüte formen.

**4.** Die Tüte so weit aufdrehen und dabei mit der Hand die Spitze halten, bis diese ganz geschlossen ist.
**5.** Das überstehende Papierende so nach innen umknicken, daß sich die Tüte nicht mehr öffnen kann.

**6.** Die Spritzglasur einfüllen, ohne den Rand der Spritztüte zu beschmutzen.

**7.** Den Rand der Tüte zusammenfalten.

**8.** Mit einer scharfen Schere die Spitze abschneiden, dabei entscheidet es sich, ob die Tüte eine feine oder größere Öffnung bekommt.

### Tip
Die Spritztüten können auf Vorrat hergestellt werden, dann sind sie immer zur Hand, wenn man sie benötigt.

# Rezeptverzeichnis

**A**marenentorte, italienische  71
Amaretti, gefüllte  111
Apfel-Birnen-Kuchen mit
   Weinguß  39
Apfelkuchen, gedeckter  37
Apfelkuchen mit Quarkguß  35
Apfel-Streusel-Kuchen  34
Apfelstrudel  37
Aprikosenglasur  138
Aprikosenkuchen, versunkener  32
Aprikotur  138

**B**abas mit Brombeeren  80
Birnencharlotte, leichte  62
Birnenpie  38
Biskuitmasse mit Fett  128–129
Biskuitmasse ohne Fett  128
Biskuitomeletten mit Himbeer-
   sahne  81
Biskuitroulade  131
Blätterteig  132–133
Blitzblätterteig  133
Brandmasse  134
Brioches  74
Brombeerkuchen mit Rahmguß  45
Brownies  109
Buttercreme, deutsche  136–137
Buttercreme, französische  137
Butterfladen, kleine  86

**C**anachecreme  136
Champignonroulade  100
Christstollen nach Dresdner Art  46

**E**iweißglasur  138
Elisenlebkuchen  116

**F**lorentiner Torte  54

**G**emüsevollkornbrioche  98
Geriebener Teig  126
Geriebener Teig ohne Zucker  126
Grittibänz  76
Gugelhupf, Elsässer  28

**H**efegebäck (Tiermotive)  77
Hefeteig  120–121
Hefezöpfe  121
Heidelbeertörtchen  85

Herzen, zweifarbige  113
Hippentörtchen mit Beeren  83

**J**ohannisbeer-Quark-Torte  56

**K**aramboletarteletten  84
Käsekuchen  33
Käse-Lauch-Kuchen  97
Kastenkuchen aus Hefeteig  120
Kastenkuchen aus Rührkuchen-
   masse  122
Katzenzungen  115
Kirschtorte, Zuger  66
Kiwi-Mango-Torte  70
Klostertorte  101
Kokosmakronen  114
Kürbistorte  55

**L**inzer Schnitten  91

**M**adeleines  86
Mailänderli  106
Makronen  114
Mandelbögen  109
Mandelsterne  107
Mandeltorte, gewürzte  59
Mandeltorte mit Cremefüllung  58
Marmorkuchen  30
Marzipanmakronen  114
Miniquiches  94
Mohnkranz  29
Mürbeteig  124–125

**N**ektarinenblätterteigschnitten  82
Nußplätzchen  107

**O**bstboden aus Mürbeteig  124
Obstkuchen aus Biskuit  40
Orangenrührkuchen  30
Orangen-Schokoladen-Torte  60
Orangentorte  51
Osterhase  78
Osterlamm  78
Osternestchen  78
Ostertäubchen  77

**P**ekannußkuchen  30
Pfefferkuchen  116
Plunderhörnchen  75
Profiteroles  135
Profiteroles mit Lachsmousse  102
Punschkugel  86

**Q**uarkblätterteigtaschen,
   pikante  95
Quarktaschen  88
Quarktorte, neapolitanische  68

**R**ahmkuchen  26
Reistörtchen mit Aprikosen  91
Rhabarberkuchen  43
Rhabarberkuchen nach
   Bauernart  43
Rouladenbiskuitmasse  131
Rüblitorte, Aargauer  67
Rührkuchen
– masse  122–123
– mit Cognacsultaninen  30
– mit Schokoladenstücken  30
Rumplätzchen  107
Rumringe  112

**S**abayontorte  61
Sablés  106
Sachertorte  65
Sauerkrautvollkornstrudel  98
Schinkenkipferln  95
Schokoladenroulade  52
Schwarzwälder Kirschtorte  50
Schwarzweißgebäck  112–113
Spitzbuben  112
Strudelteig  127
Stutenmann  76

**T**omatenkuchen  96
Torte, Florentiner  54
Torte nach Prinzregentenart  65
Tortenboden aus Biskuit-
   masse  128, 129
Tortenguß  40
Traubentorte  56

**V**anillefüllcreme  135
Vollkornbrandmasse  135
Vollkornéclairs mit Käsefüllung  103
Vollkornkuchenmasse  123
Vollkornmürbeteig  125
Vollkornstrudelteig  127

**W**eingebäck mit Mandeln  110
Windbeutel mit Mokkacreme  89

**Z**imtsterne  109
Zitronenwürfel  114
Zuccotto  68
Zuckerkuchen, französischer  27
Zwetschgenkuchen, Tiroler  44

# Register

**A**gar-Agar   10
Anis   11

**B**ackaromen   11–12
Backformen   18–19
Backhefe   10
Backpulver   10
Backtriebmittel   10
Biskuitboden
– durchschneiden   129
– mit Sahnecreme füllen   130
Bittermandeln   11
Blindbacken   126
Butter   9
Butterschmalz   9

**C**ashewnüsse   12
Cremepulver   10

**D**inkel   6

**E**ier   8
– erst warm und dann kalt aufschlagen   21
– kalt aufschlagen   21
Eigelbe cremig rühren   21
Einfüllhöhe   19
Einschubhöhe   20
Eiweiß vom Eigelb trennen   21
Eiweiß zu Schnee schlagen   21
Erdnüsse   12
Eßkastanien   13

**F**arinzucker   7
Fenchel   11
Fette   9
Fondant   15
– Verarbeitung   139
Formen   19
– ausfetten   19
– auslegen   19
– ausstreuen   19

**G**elatine   10, 22
Geliermittel   10
Gelierzucker   7
Getreide   6–7
Gewürze   11–12
Gewürznelken   11

Glasuren   15
Grundausstattung (Küche)   16

**H**afer   6
Hagelzucker   7
Haselnüsse   13
– abziehen   22
Herde   20
Hirschhornsalz   10

**J**oghurt   8

**K**affee   11
Kakaopulver   15
Kokosnüsse   13
Kuvertüre   15
– Verarbeitung   140

**L**einsamen   13
Lightbutter   9

**M**andeln   13
– abziehen   22
– reiben   22
– rösten   22
Margarine   9
Maronen   13
Marzipan   14
– Herstellung   139
Mehltype   6
Milch   8–9
Milchprodukte   8–9
Mohn   11
Muskatnuß   11

**N**atron   10
Nougat   14
Nüsse   12–13
– reiben   22
– rösten   22

**P**aranüsse   13
Pfeffer   11
Pflanzenfette   9
Piment   11
Pinienkerne   13
Pistazien   13
Pottasche   10
Puddingpulver   10
Puderzucker   7

**R**affinade   7
Reis   6
Roggen   6

**S**afran   11
Sahne   8
– steifschlagen   22
Sahnesteifmittel   10
Salmonellen   8
Sauerrahm   9
Saure Sahne   9
Schichtkäse   8
Schlagsahne „Extra"   9
Schokolade   15
Schokoladenfettglasur   15
Schokoladenstreusel   15
Sesamsamen   13
Sojabohnen   6
Sonnenblumenkerne   13
Speisequark   8
Spirituosen   12
Spritzschokolade   141
Spritztüten aus Pergamentpapier   141
Stäbchenprobe   122
Stärke   6
Staubzucker   7
Sternanis   11
Süßungsmittel   7

**T**rüffelstreusel   15

**V**anilleschoten   12
Vanillezucker   7
Vanillinzucker   7
Vollrohrzucker   7

**W**alnüsse   13
– abziehen   22
Wasserprobe   8
Weißzucker   7
Weizen   6

**Z**imt   12
Zitrusschalen   12
Zucker   7

143

ISBN 3-8094-1205-8

© 2002 by Bassermann Verlag, einem Unternehmen der Verlagsgruppe Random House GmbH, 81673 München

© der Originalausgabe by FALKEN Verlag

Die Verwertung der Texte und Bilder, auch auszugsweise, ist ohne Zustimmung des Verlags urheberrechtswidrig und strafbar. Dies gilt auch für Vervielfältigungen, Übersetzungen, Mikroverfilmung und für die Verarbeitung mit elektronischen Systemen.

**Umschlaggestaltung:** Peter Udo Pinzer
**Redaktion:** Monika Cremer
**Redaktion dieser Ausgabe:** Silke Kirsch
**Herstellung:** Sabine Vogt
**Herstellung dieser Ausgabe:** Jung Medienpartner
Fotos: TLC-Foto Studio GmbH, Velen-Ramsdorf; FALKEN Archiv, Anschlag & Goldmann Photodesign, Borken: Seite 12 (Vanilleschoten, Zimt und Zitrusschalen) und Seite 13 (Haselnüsse); Falken Archiv, Ulrich Kopp, Füssen: Seite 63

Die Ratschläge in diesem Buch sind von Autoren und Verlag sorgfältig erwogen und geprüft, dennoch kann eine Garantie nicht übernommen werden. Eine Haftung der Autoren bzw. des Verlags und seiner Beauftragten für Personen-, Sach- und Vermögensschäden ist ausgeschlossen.

**Satz:** Grunewald Satz & Repro GmbH, Kassel
**Druck**: Neografia Martin

Printed in Slovakia

4682 01 94X 817 2635 4453 6271